Black
&
Blanc

Fotos y Poemas

Ektor Melendez

DEDICADO A

Los que disfrutan de las imágenes, los que las crean (como los fotógrafos en Unsplash.com); a los que disfrutan de los poemas, y a todas y cada una de las personas que me han motivado a intentar escribir, inventar, crear.

Mi esposa e hijos

Mis dos o tres lectores

Pero muy en especial, a Dios

CONTENIDO

De pronto surgió la idea de utilizar fotografías en blanco y negro del sitio Unsplash.com, y buscar inspiración en ellas.

La gran mayoría de las personas somos blanco y negro, a veces no lo sabemos, a veces no lo pensamos, a veces no lo queremos pensar.

Unos más blanco que negro, otros más negro que blanco.

A los tibios los vomita.

Debemos tratar de ser buenos, cada día, cada hora, cada instante.

1 HERRAMIENTAS

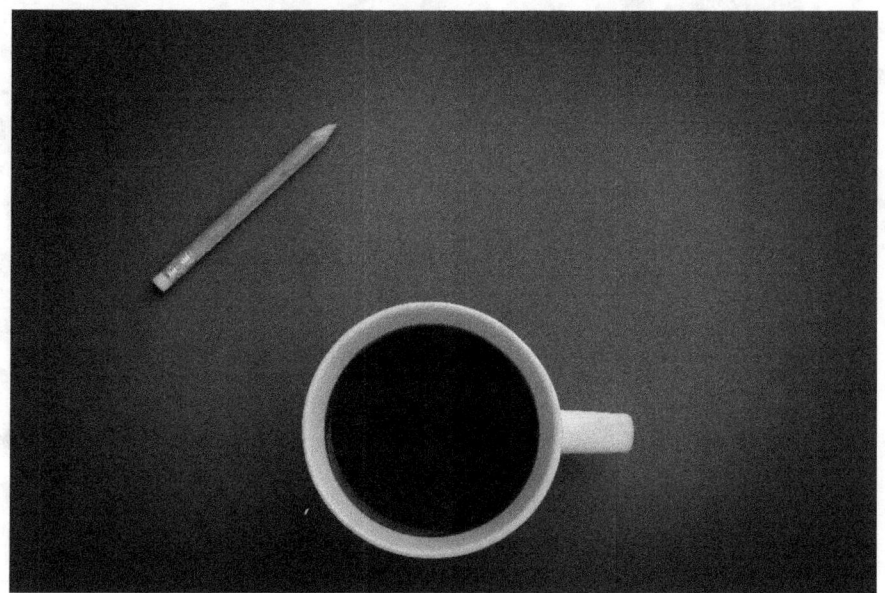

Me hacía falta una hoja
en donde escribir tu nombre,
el café se había enfriado,
no era necesario,
tu ausencia era suficiente
para no poder dormir nunca.

Los recuerdos inspiraban a la noche,
pero como podrías ver
todo está inerte,
no hay nada,
ni siquiera humo.

No eran herramientas lo que yo necesitaba
sino armas para el presente,
o una armadura para tu olvido.

2 GRIS

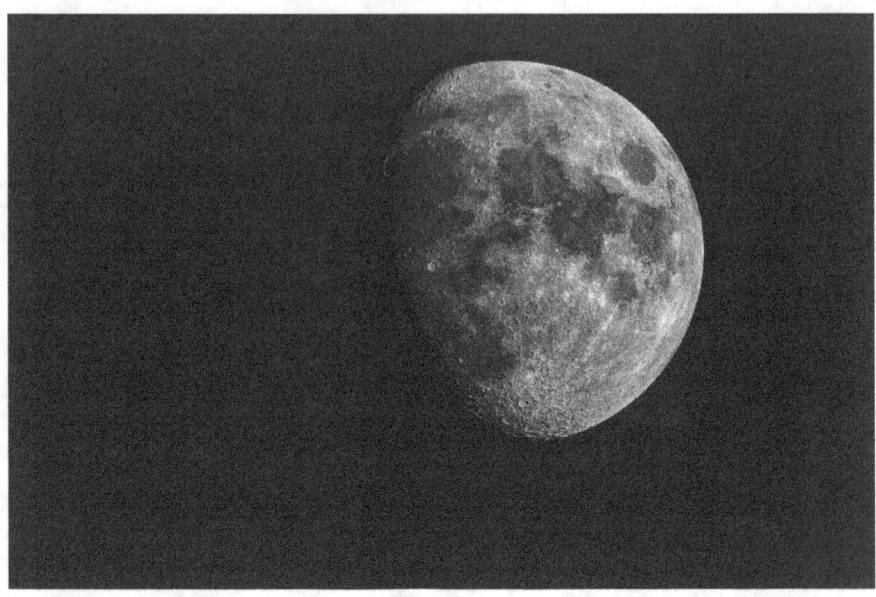

Me hacía falta tu luz,
lo mismo que a la luna desolada,
en esta nueva y repetida
hora oscura,
no hay colores,
ni alegrías,
en su nuevo retrato
se parece demasiado
al planeta nostalgia.

La noche
es lo gris del día,
y de tu ausencia.

Muchos quieren ver
el lado oscuro de la luna,
no lo recomiendo,
es donde ahora habito.

3 CINTURA

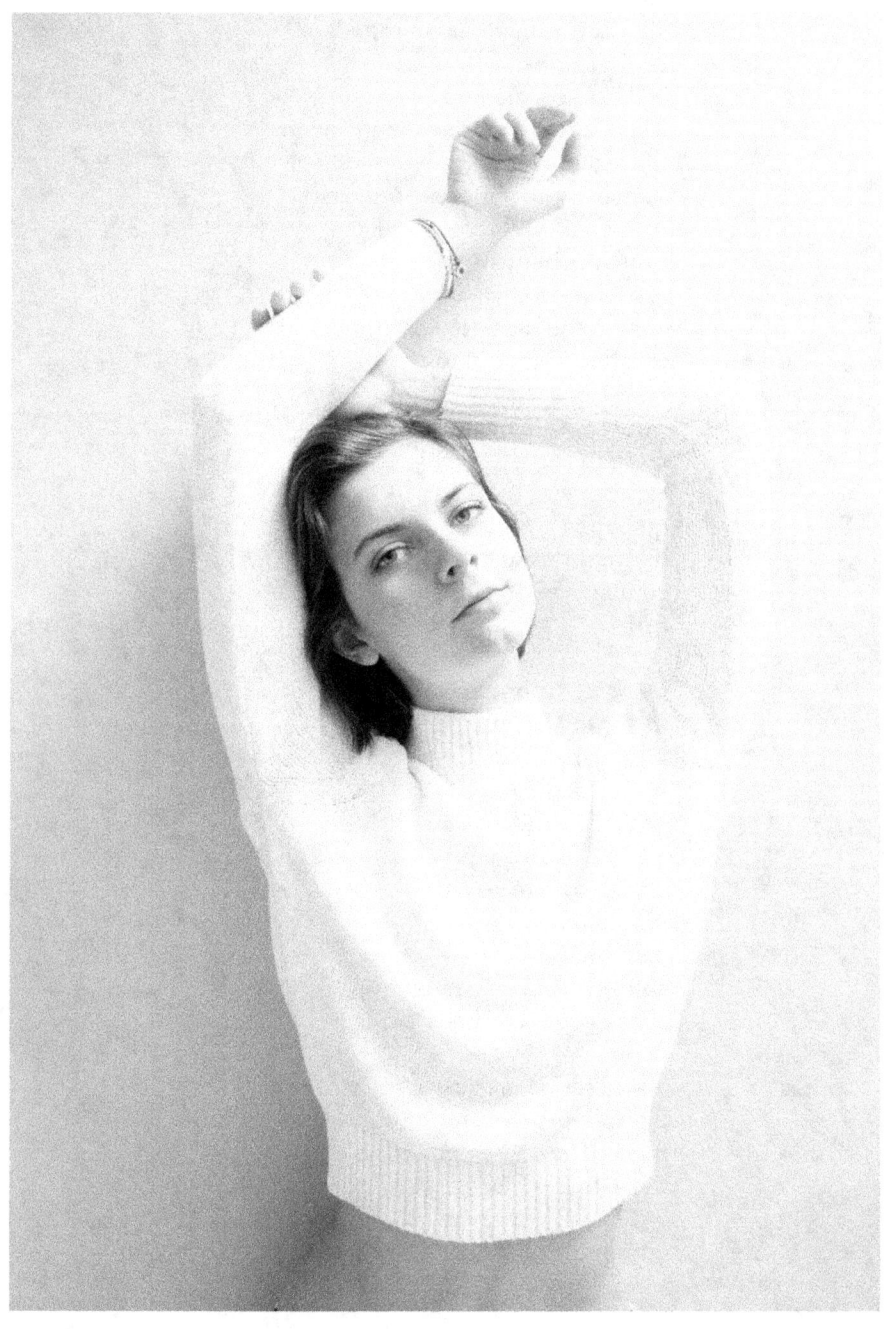

El mejor refugio de mi mirada
eran tus ojos;
bailábamos, cierto;
y la estación favorita de mis manos,
tu cintura,
se mecía al compás del universo.

Juntos bebimos
el néctar de la vía láctea,
a través de tus besos tiernos,
callados, clandestinos.

Todo es romántico,
eso parece,
excepto esta distancia
que poco a poco
diluye mi vida
en una taza de café
frío.

Lejos de tu cintura
mis manos se pierden
y sin darse cuenta
se van perdiendo,
se van secando.

Ahora solo me queda
recordar
cómo te aguantabas la risa
antes de tomar la foto,
ahora, que tu mirada es real.

Y a pesar de no guardar rencores,
tan solo espero, ahora,
que tu cintura sea una copia exacta
de la de Big Mamma,
y si es así, por favor,
envíame una foto.

4 PRESO

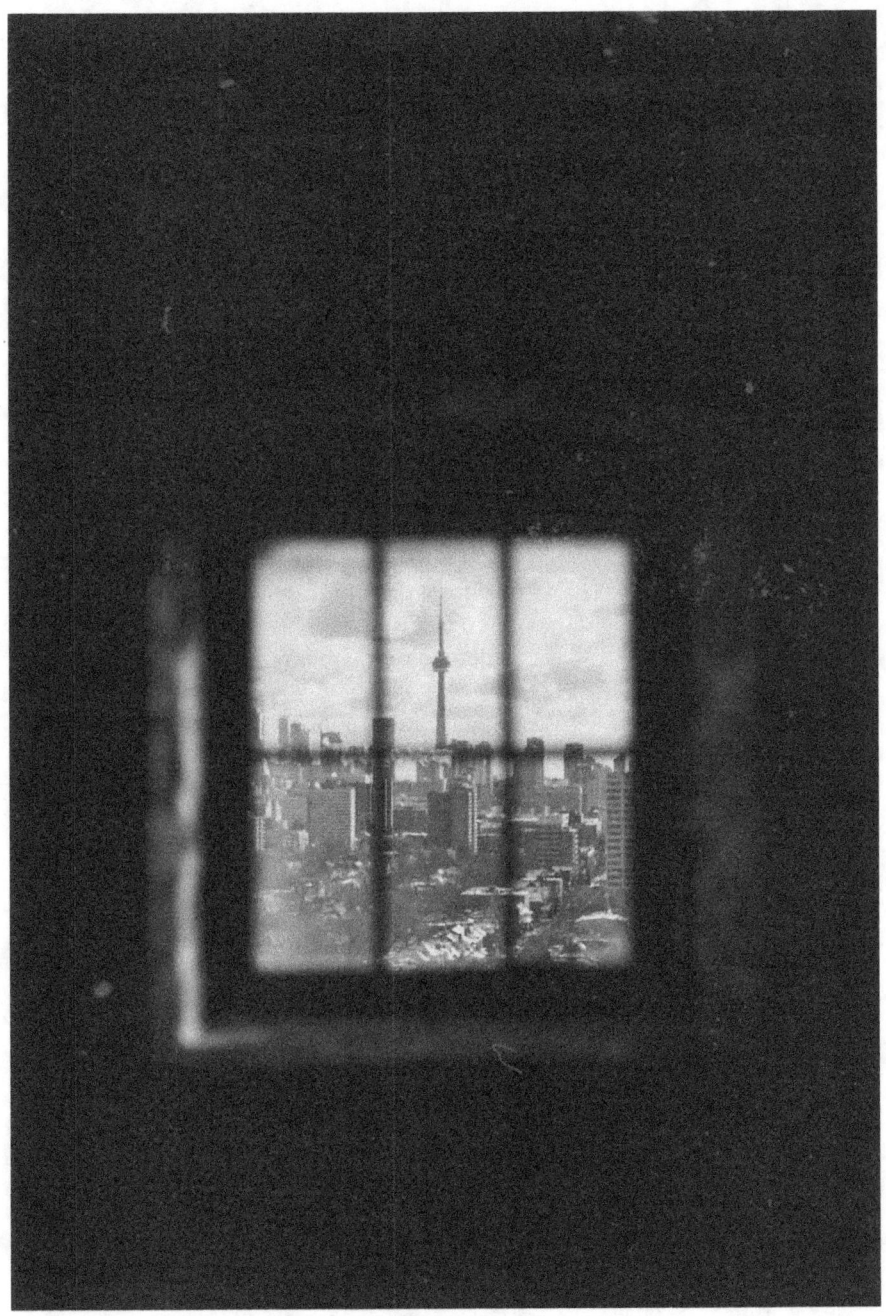

Somos libres
en la medida
en que no creemos
todo lo que creemos.

La mente
lo mismo te da alas,
que te encierra,
sobre todo
si te detienes,
en los conceptos
de la añoranza,
y otros menesteres.

Crees percibir a lo lejos
aires de esperanza,
cuando la esperanza
espera pacientemente
a despertar
dentro de tu alma.

La ignorancia daña
lo mismo que protege,
hacer o no hacer,
la dualidad de las cosas,
de las situaciones;
la libertad es un concepto,
no le des tantas vueltas al asunto,
y deja en paz esa ventana
que la puerta sigue abierta;

y nunca olvides que,
simplemente,
lo que no te mata
no te mata.

5 DULCE MELO-NOCHE

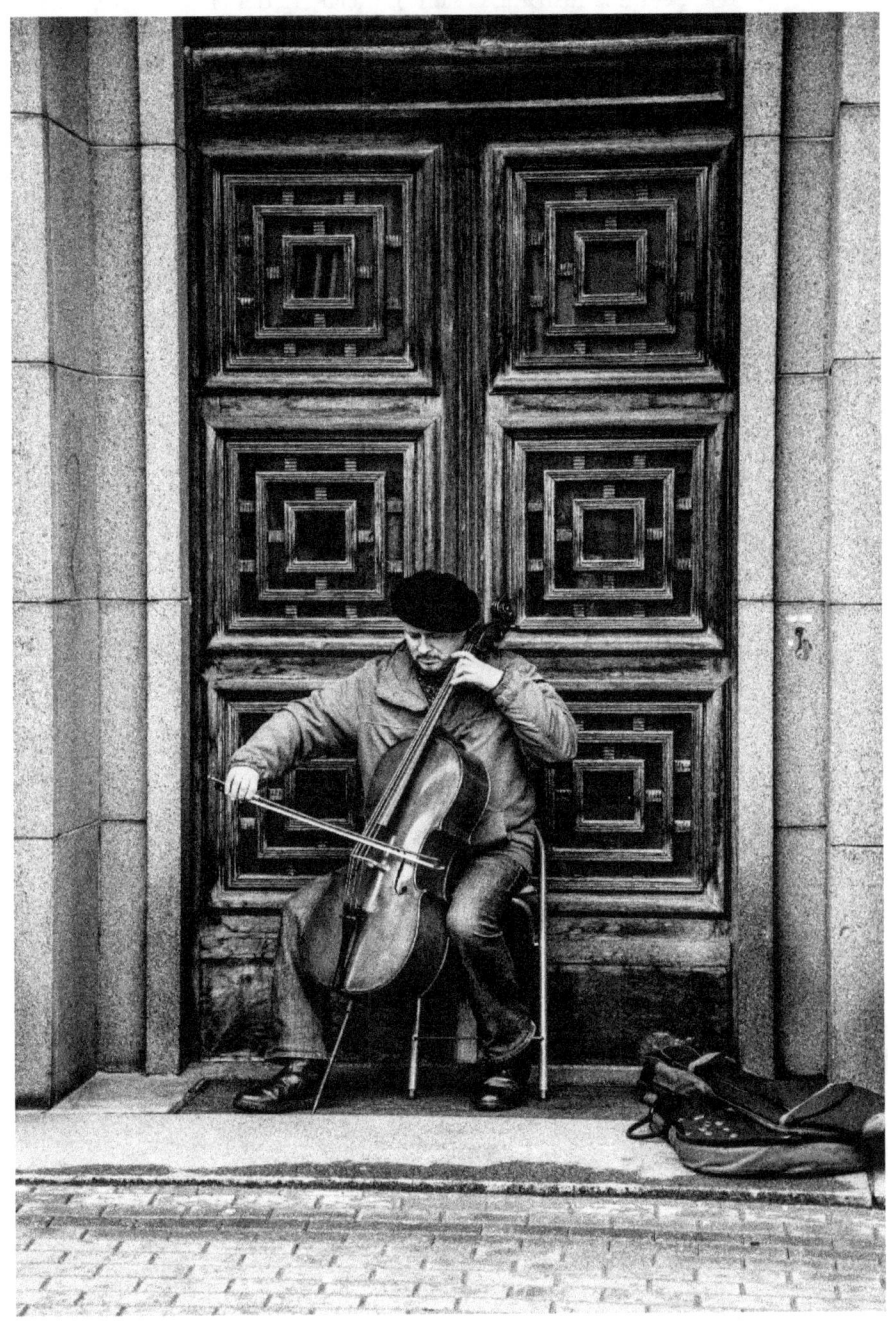

Según la historia, el llanto inicial era del violonchelo,
pero así no era la realidad oculta,
tanto el músico lo sabía,
como el gigante que escuchaba y en silencio esperaba.

Después de un duelo terrible,
el perdedor tocaría las notas más tristes,
pero entonces
¿qué he ganado yo,
si tengo que recordarla a diario?

El músico y el gigante
pensaron que su corazón sería el premio,
nunca imaginaron que a los dos amaba
su bella amada,
mucho menos que al enterarse de la apuesta
angustiada saldría huyendo.

No pudieron explicarle que el duelo
no era con armas convencionales,
sino con balas digitales.

Y a pesar de todo
la siguen esperando.

El bufón del pueblo los hizo famosos
con una parodia que decía:
Es una dulce melodía
pero una triste melo-noche.

Al enterarse el músico y el gigante
la rabia los fue transformando,
nadie imagina que debajo
de los nuevos adoquines
hay un payaso
que los tristes llantos
sigue escuchando.

6 MODERNIDAD

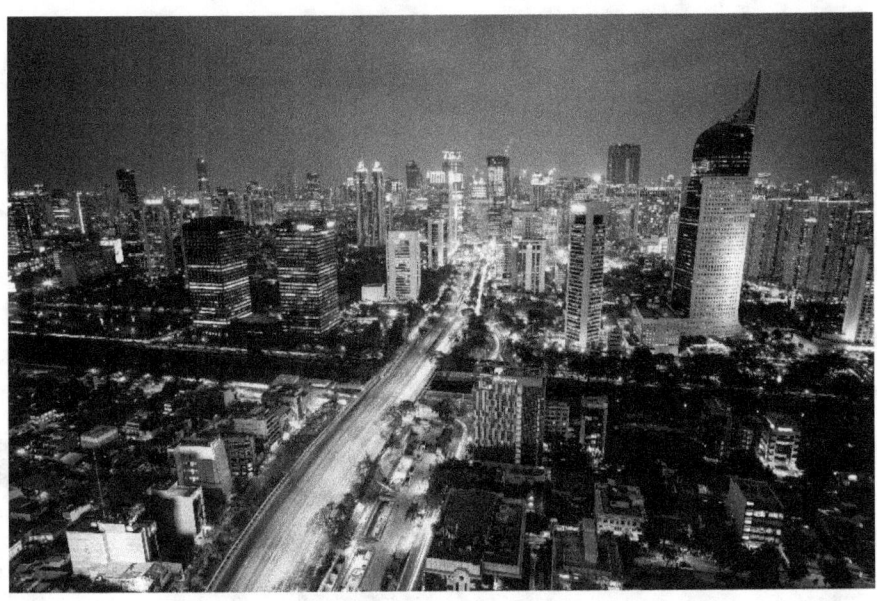

La gente se reunía,
para poder sobrevivir,
defenderse de las fieras,
y juntos salir cazar, a recolectar.

Vivían en cuevas,
y reinaba
la ley del más fuerte.

Poco ha cambiado,
excepto que ahora
las fieras quisieran
poder defenderse
de ellos,
los civilizados.

Aquel paraíso hermoso
poco a poco ha ido destruyendo,
en pro de la comodidad, el pobre hombre,
cada día, más bestia.

7 LIBRE

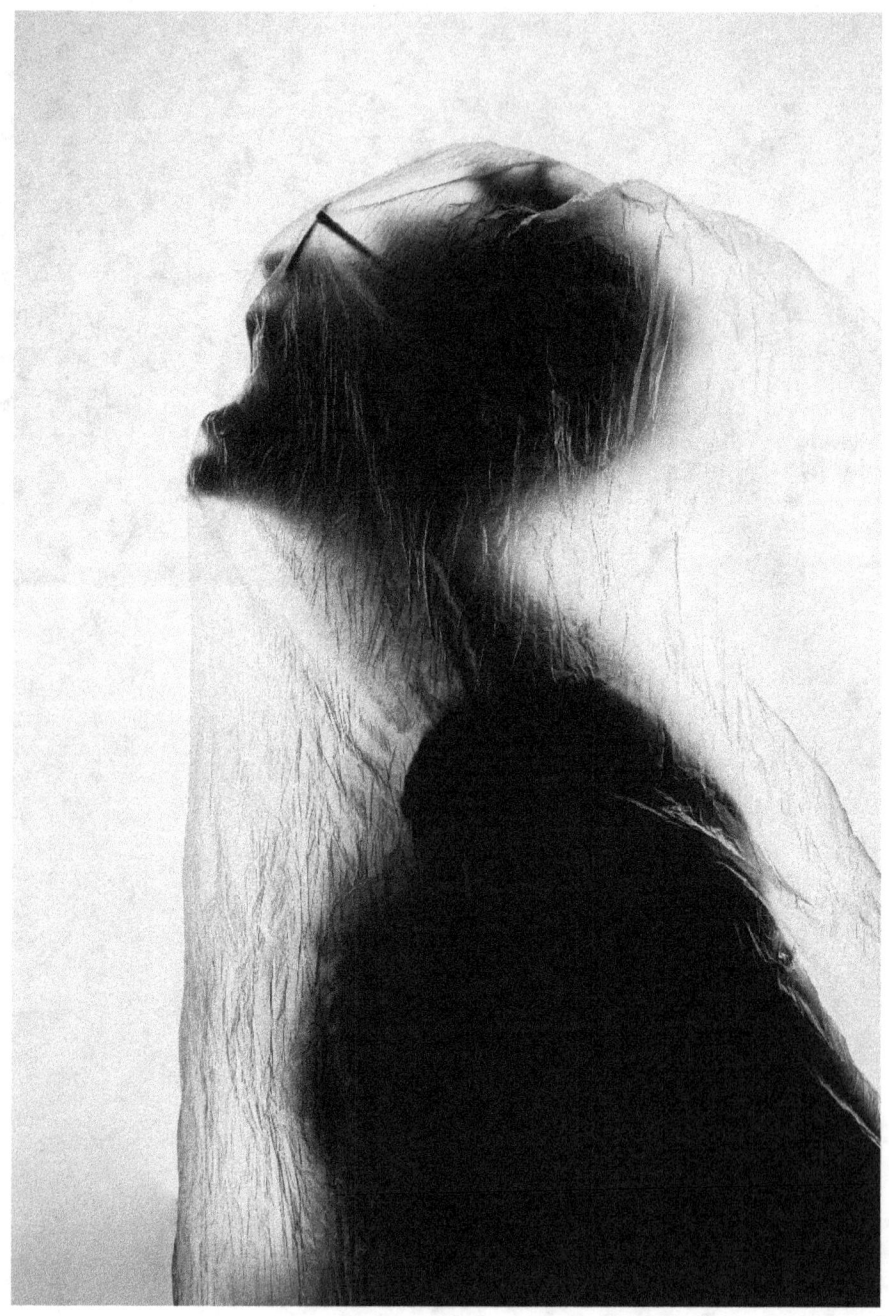

Puedes gritar todo lo que quieras
mientras nadie te escuche
mientras no molestes a nadie.

"El respeto al derecho ajeno, es la Paz" – Benito Juárez.

Solo yo puedo gritar,
mentir, desmentir,
insultar, y engañar.

Es la nueva ley impuesta
por el famoso TOTUS
(the Twitter Of the United States),
ese cerdo descolorido abusón
y lleno de mierda.

Símbolo de la Decadencia
indecencia,
y estupidez extrema.

Conocido como Dunno'ld Tramp Ass
y que si escribes su nombre
serás encarcelado y luego deportado
aunque seas indio nativo americano.

Fake Great America.
Fuck Great TOTUS.

"Y si eres lo suficientemente imbécil
vota de nuevo por mí,
el hombre Show Show,
que te promete tanto y tanto
como por ejemplo
libertad de prensa".

8 MATERIA GRIS

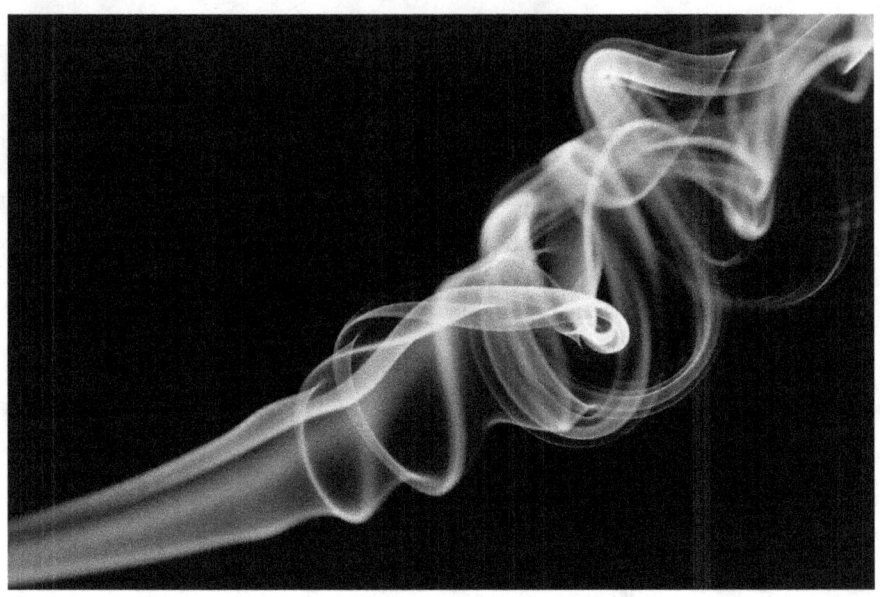

Observar, analizar, deducir, recordar.
Ignorar el ruido, corregir, aprender.

Pensar.

Actuar de acuerdo a lo pensado,
y volver a aprender.

Disfrutar lo bueno,
aprender de lo malo, que te sucede.

La sabiduría empieza con el temor a Dios,
si tratas de hacer lo correcto cada vez,
cada vez lo harás mejor.

Aún Salomón,
el más sabio de todos los hombres,
que escribió cosas hermosas e inteligentes,
y a pesar de descubrir que todo es vanidad,
se equivocó a lo grande,
y esa es quizás
su mejor enseñanza.

9 PUEBLO

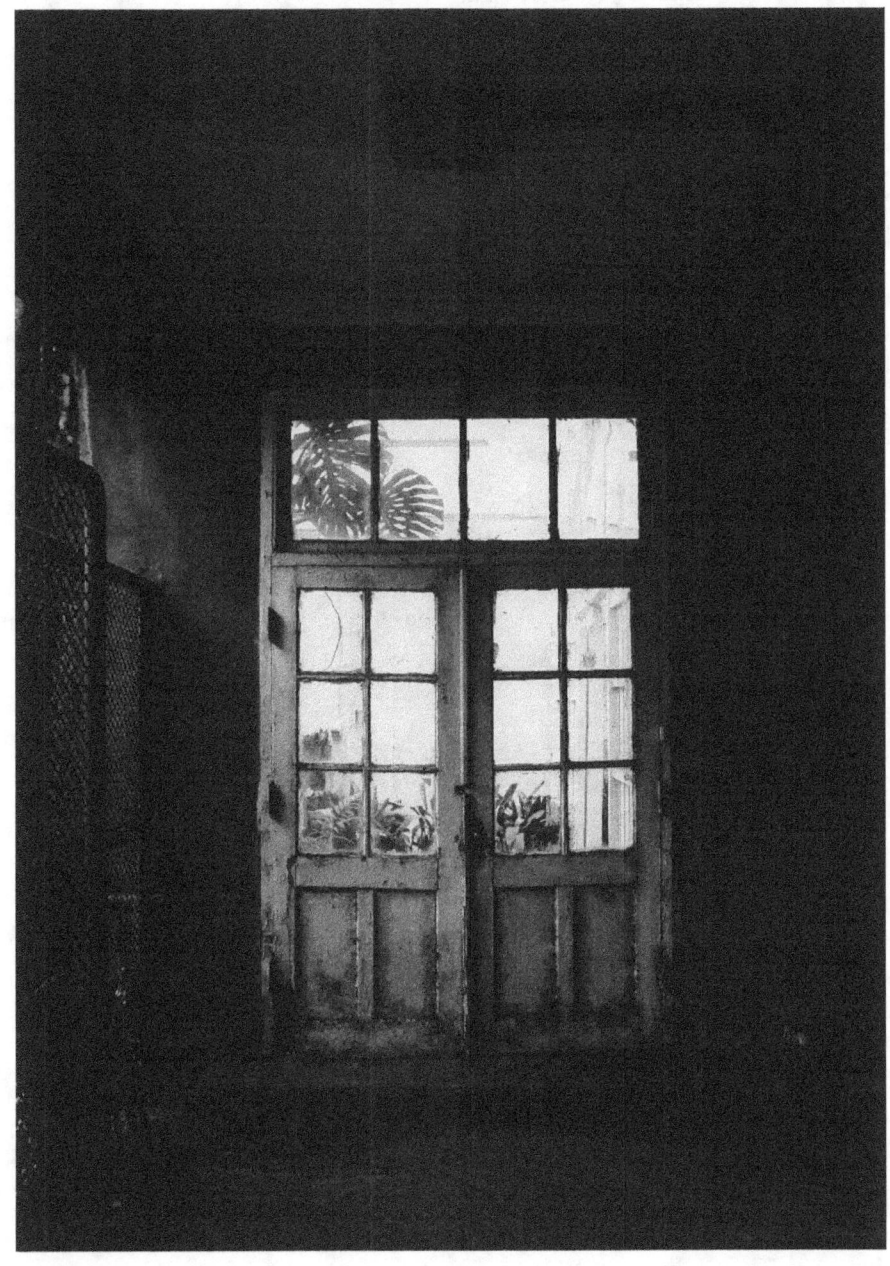

Nostalgia, añoranza,
cerca del río o de la montaña,
cosas sencillas,
donde el tiempo transcurre lento.

El aire es limpio,
seriedad
en el tiempo de la siembra,
risas y fiestas
durante la cosecha.

Las miradas son claras,
el saludo fuerte,
la amistad sincera,
y las costumbres
respetadas.

No hay tanta malicia,
aunque eso va cambiando
con la llegada de lo moderno,
con la ciencia
al servicio del dinero.

Ya no se lava la ropa en el río,
ni la comida se compra en el mercado,
ahora en estos días
en todos lados se comen cosas
que producen cáncer.

Ah, pueblos de México,
aún existen unos cuantos,
hay que disfrutarlos
antes de que se pierdan
en los nuevos
y terribles tiempos.

10 MEMORIA

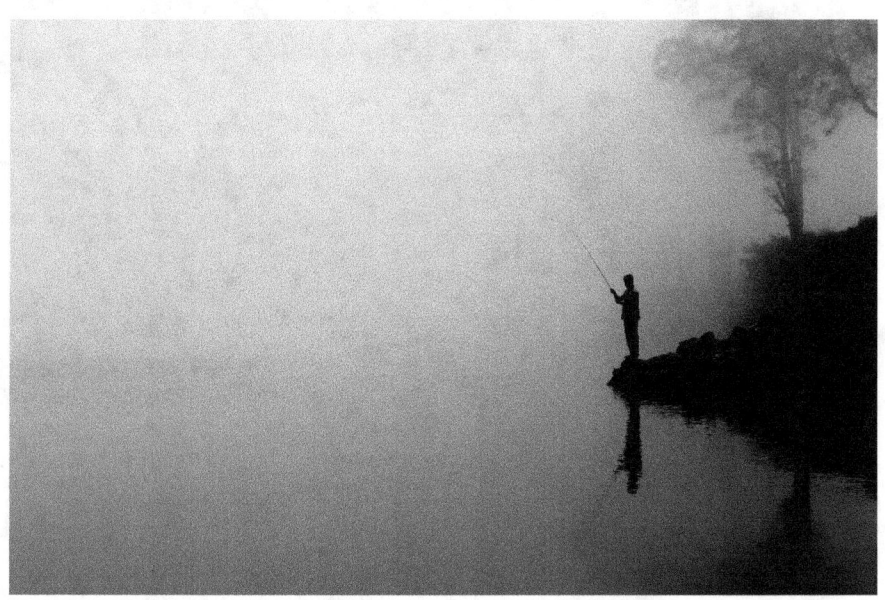

El hombre solitario
no sabía qué hacer;
intentó recuperarla
y ella puso distancia de por medio;
luego quiso encontrarla,
olvidarla, maldecirla,
pero todo inútil fue.

Cada mañana, al despertar,
miraba hacia el lado favorito de la cama,
donde dormía ella,
pero la mirada se perdía hasta topar con pared,
y no encontraba nada.

Poco a poco las ideas se fueron esfumando,
su mente parecía envuelta en neblina,
la gente lo miraba caminar por las calles,
y murmuraban a su espalda.

Muchos creen que busca peces,
pero lo que busca es su memoria, o la de ella.

11 VERDE

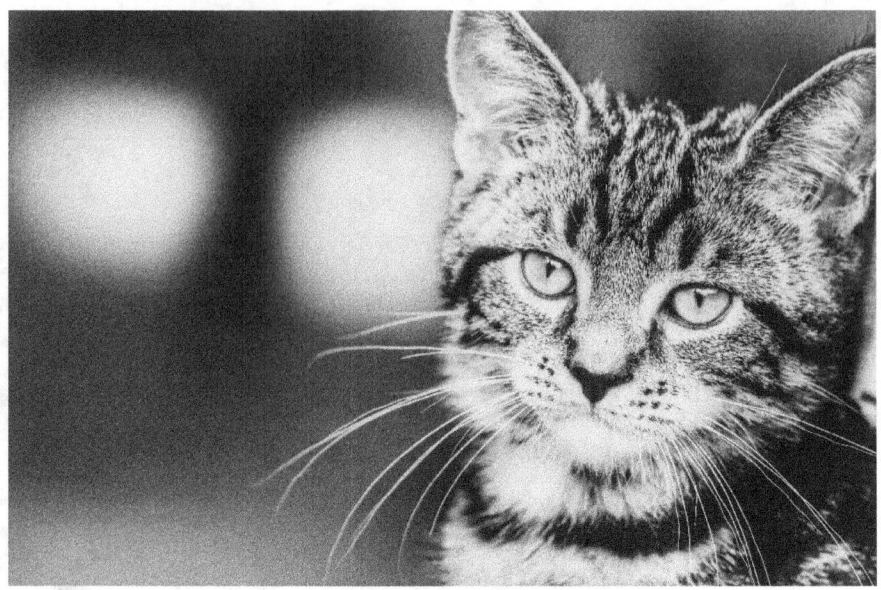

Se adivina el color,
pero no el por qué de su mirada perdida.

Se suponen tantas cosas,
lo abandonó su madre,
no, murió en el parto.

No le han dado de comer,
lo golpean mucho,
regalaron a sus hermanos,
lo han abandonado.

Otros se enfocan en las luces a su espalda:
lo van a atropellar,
no, son los ojos
de un extraterrestre.

Mientras todos se equivocan,
la mirada verde
permanece tranquila,
serena.

12 PRESION

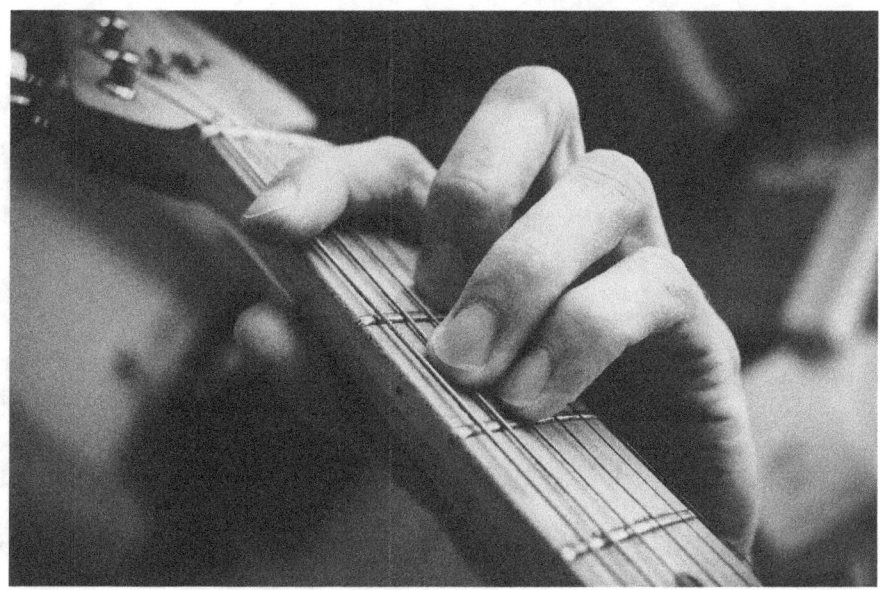

Sin la presión la nota se pierde,
la vibración resulta inútil.
La melodía se vuelve trizas,
y el oído, triturado.

El romance se vuelve guerra,
el baile se diluye
en movimientos impredecibles.

A veces tienes que presionarte un poco,
o tal vez la misma vida,
para lograr un buen resultado,
para salvar la nota del día.

Tienes que practicar,
sudar, y vestir de callos a tus dedos,
a tus pies, a tu frente.
Si el resultado vale la pena,
tendremos armonía.

13 DEL OTRO LADO

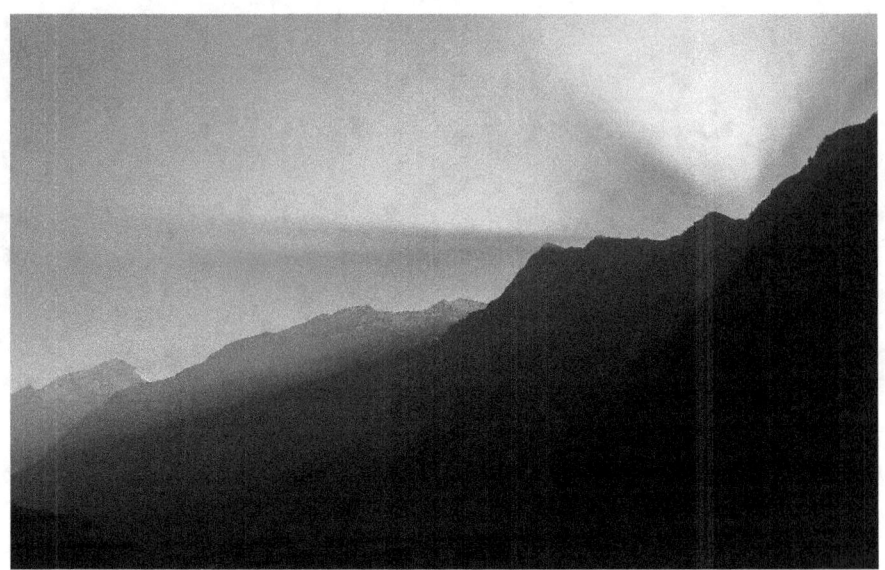

Del otro lado
todo parece ser mejor,
y ahí va el hombre
a recorrer caminos,
a veces sin razón.

En ocasiones es verdad,
hasta parece que la suerte lo acompaña,
y encuentra la felicidad,
pero se engaña,
es tan solo alegría,
de esa que se acaba.

Porque solo hay
un camino seguro
y ese
se llama Jesús, amigo mío.

14 HISTORIA

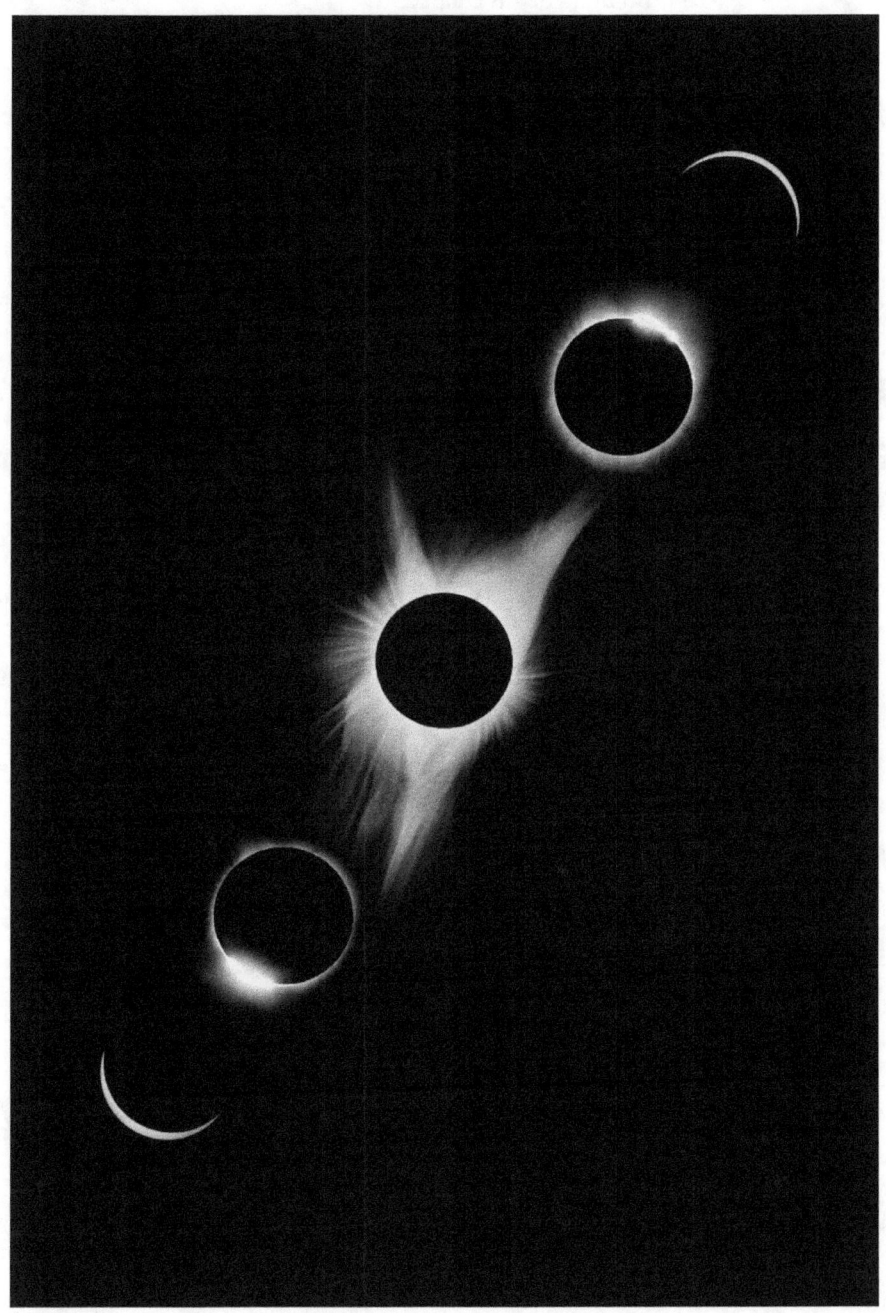

Hubo una vez un eclipse,
que la gente estuvo esperando,
había sido ampliamente anunciado.

Llegado el día
todos estaban preparados,
algunos lo iban a observar reflejado
en una tina con agua,
otros con lentes de soldador.

Pero minuto a minuto
el sol siguió su curso
sin nada que lo ocultara.

Pasaron los días,
los años,
los científicos famosos
habían sido olvidados.

Y un día inesperado
ocurrió el eclipse,
y los pocos que lo miraron
ciegos han quedado.

Ahora entre ellos platican,
cómo poco a poco
llegó el momento justo.

Nada fue mejor
ni antes ni después.

No cabe ninguna duda
que el mejor tiempo de todos
siempre es el momento justo,
el Presente.

15 SERENA

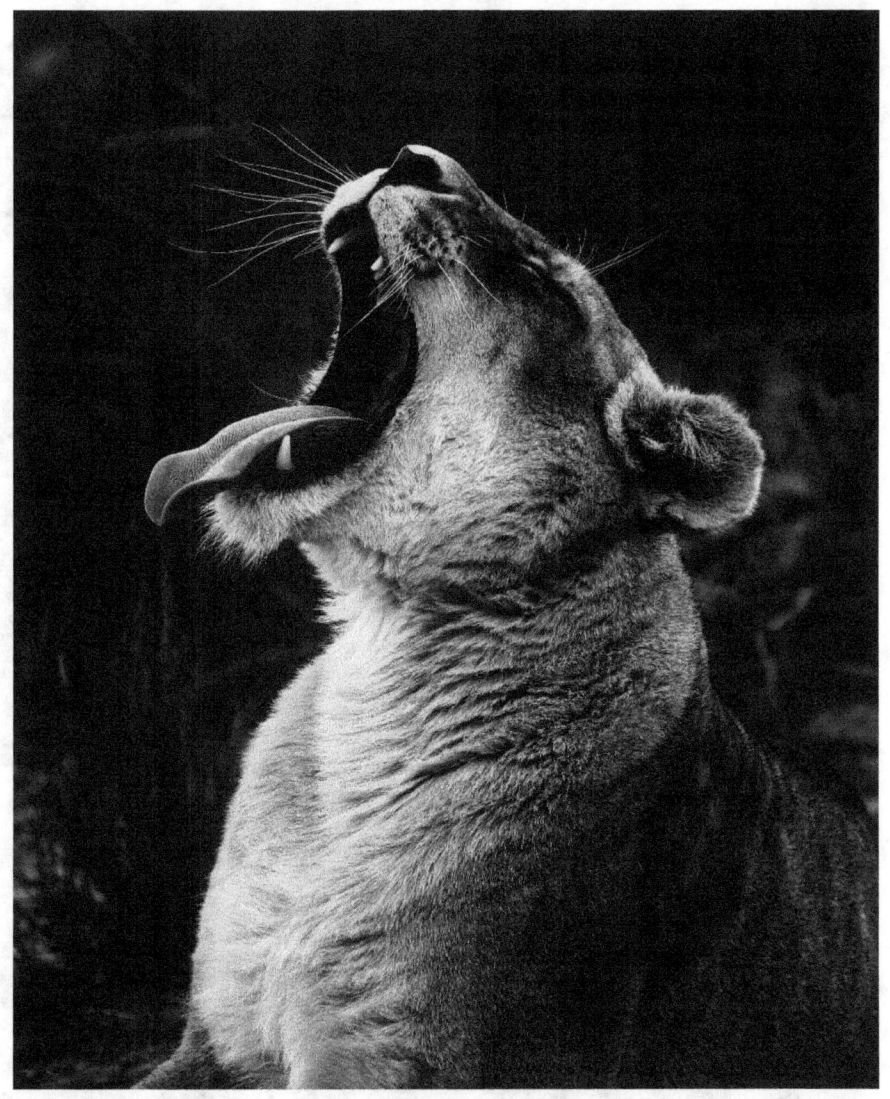

No siempre está al acecho,
no siempre quiere matar.

Aún el poder más grande en la Tierra,
tiene que descansar.

16 CAMINO

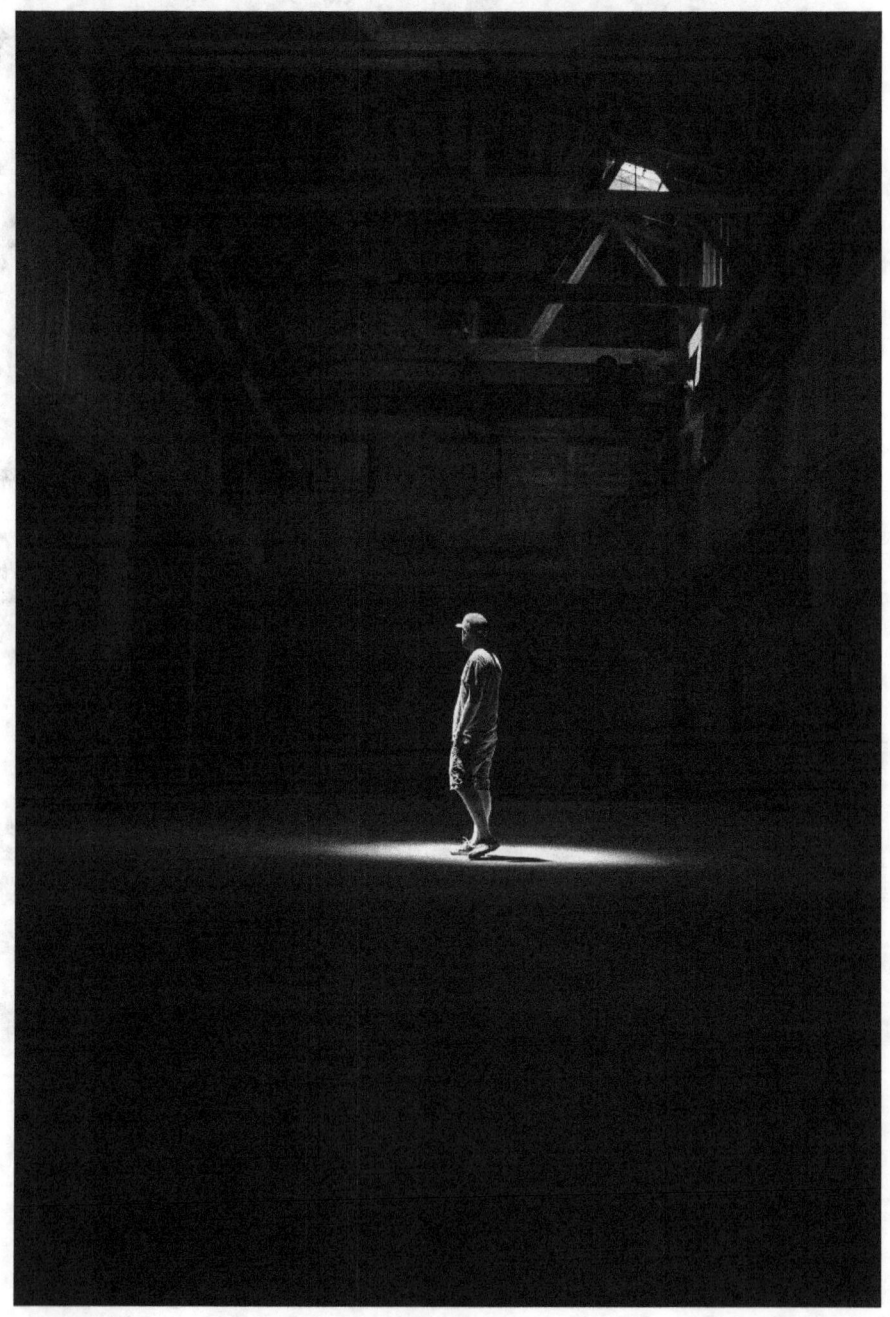

El hombre
a veces se siente perdido,
solo,
abandonado.

Es porque espera
que alguien
le haga compañía.

A veces no sabe
a donde ir,
y sigue el mismo camino
que siguen los demás.

Ve en la televisión y en el cine,
y escucha en la radio,
que si tiene una tarjeta de crédito,
un automóvil bonito,
una casa bonita,
una esposa bonita,
unos hijos bonitos,
y unas vacaciones en la playa,
va a ser feliz.

Lo ve tantas veces
hasta que lo cree.

Pero un día se pone a pensar
que no se siente bien,
pues hay muchos que sufren,
que no tienen nada,
ni casa, ni auto, ni familia bonita,
pero que sonríen de pura felicidad.

Que alguien lo ayude,
que alguien le diga, por favor,
que el verdadero camino
no es físico
sino espiritual.

Lee la Biblia.

17 CAMINO 2

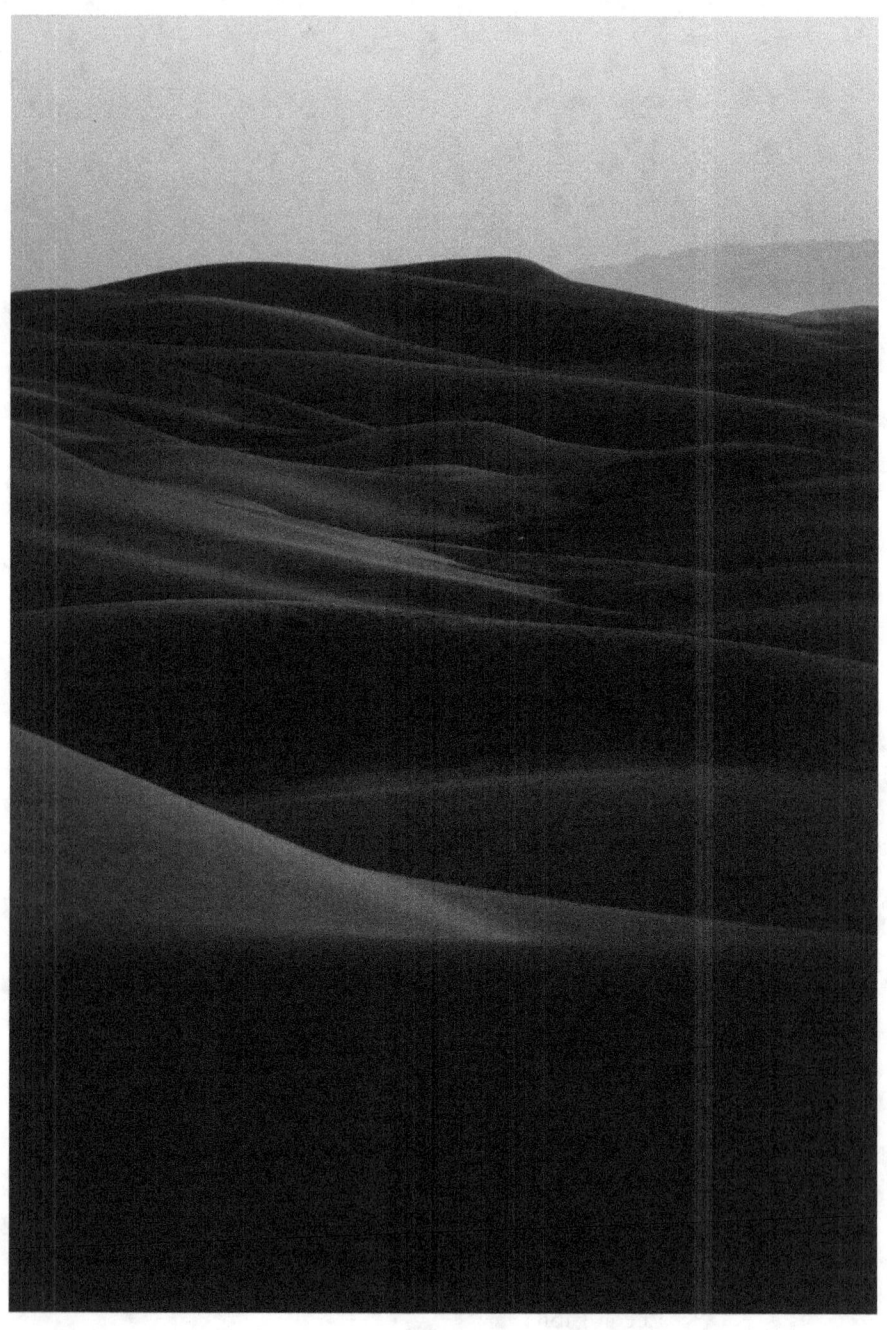

Y aunque parezca
no haber
por donde pasar,
un camino
te haré inventar.

Los caminos
llevan o traen,
gente, alimentos, ropa,
muebles, televisiones, refrigeradores,
aguas, sodas, cervezas,
y a veces
sorpresas.

Los caminos me traen recuerdos de canciones
"porquenoengrasolosejes, mellamanabandonao"
"caminantenohaycamino, sehacecaminoalandar"

Crea tu propio camino,
crea tu propia canción,
haz tu propia historia,
escribe tu propio poema,
aunque no parezca poema,
aunque no lo sea.

Puedo seguir hablando,
puedo seguir escribiendo,
puedo seguir cantando,
todo el día,
toda la noches,
toda la vida;
pero el único camino
a la vida eterna
¿es?

18 ANTES DEL TERREMOTO

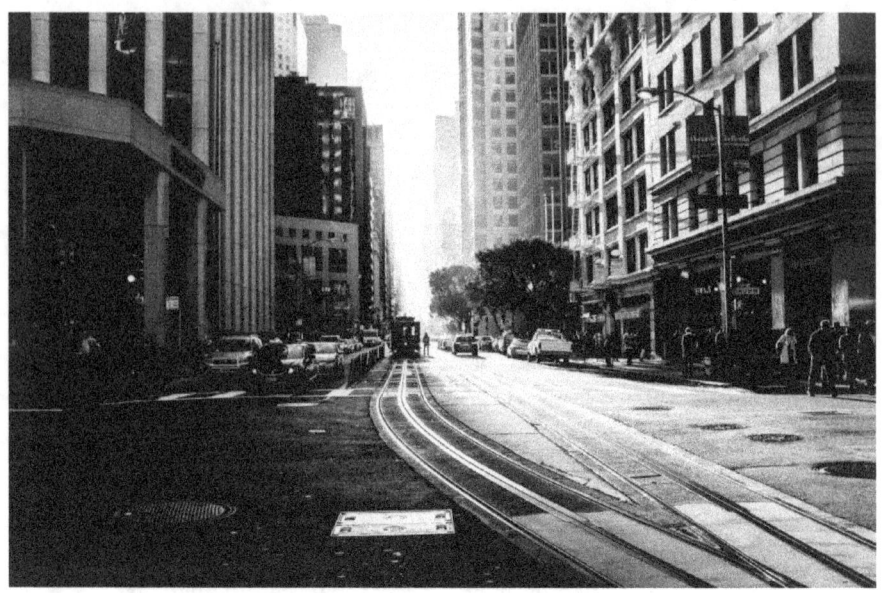

Todo parecía normal,
todo bajo control,
¿Qué podría pasar?

Me dedico a vivir mi vida,
y cantaba la canción
de Silvio Rodríguez
"AlláDiosqueserádivino,
yomemuerocomoviví".

Pero no fue así,
de pronto el terremoto apareció
así, de la nada,
¿morir como vivió?
¿acaso vivió aplastado
por toneladas de cemento y acero?

19 PUENTE O MUJER

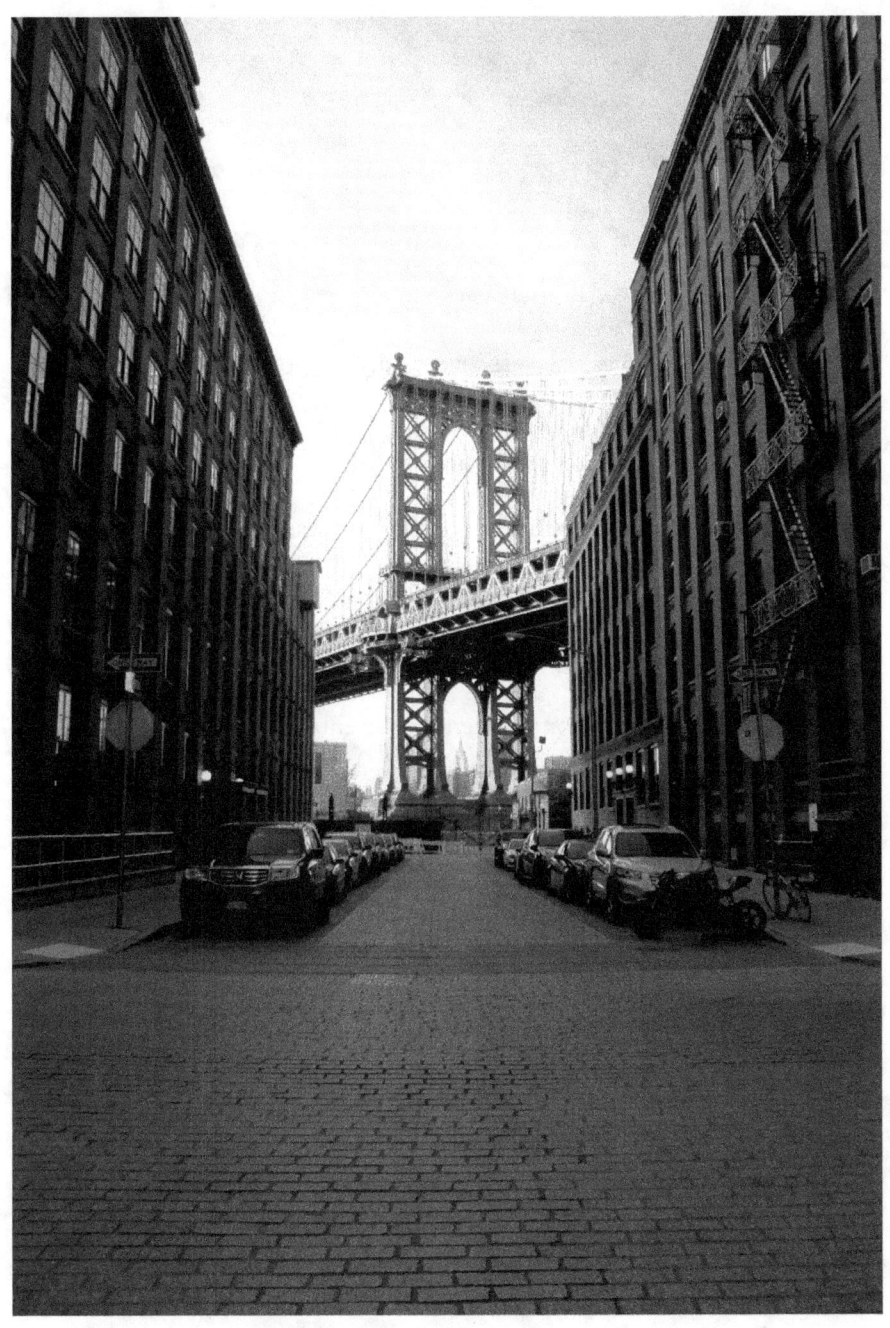

Decía mi padre: Si ves mujer o puente, detente.

Parece que el puente
conecta a los dos edificios

¿para qué sirve un puente?

¿para qué nos sirve?

¿para qué no sirve?

Preguntas y callas.

Las palabras a veces tienen diferentes sentidos,
sentí dos, Zen ti dos.

¿El puente tiene sentido?

¿El puente tiene dos sentidos?

¿El hombre tiene cinco sentidos?

¿La mujer tiene sexto sentido?

¿El hombre tiene sexo sentido?

Confiesa, ¿quién te trae loco?

Si ves mujer y puente: detente.

¡Detente!

Llámale,
escríbele,
dile que te trae loco,
o loca,
de amor.

20 PODER

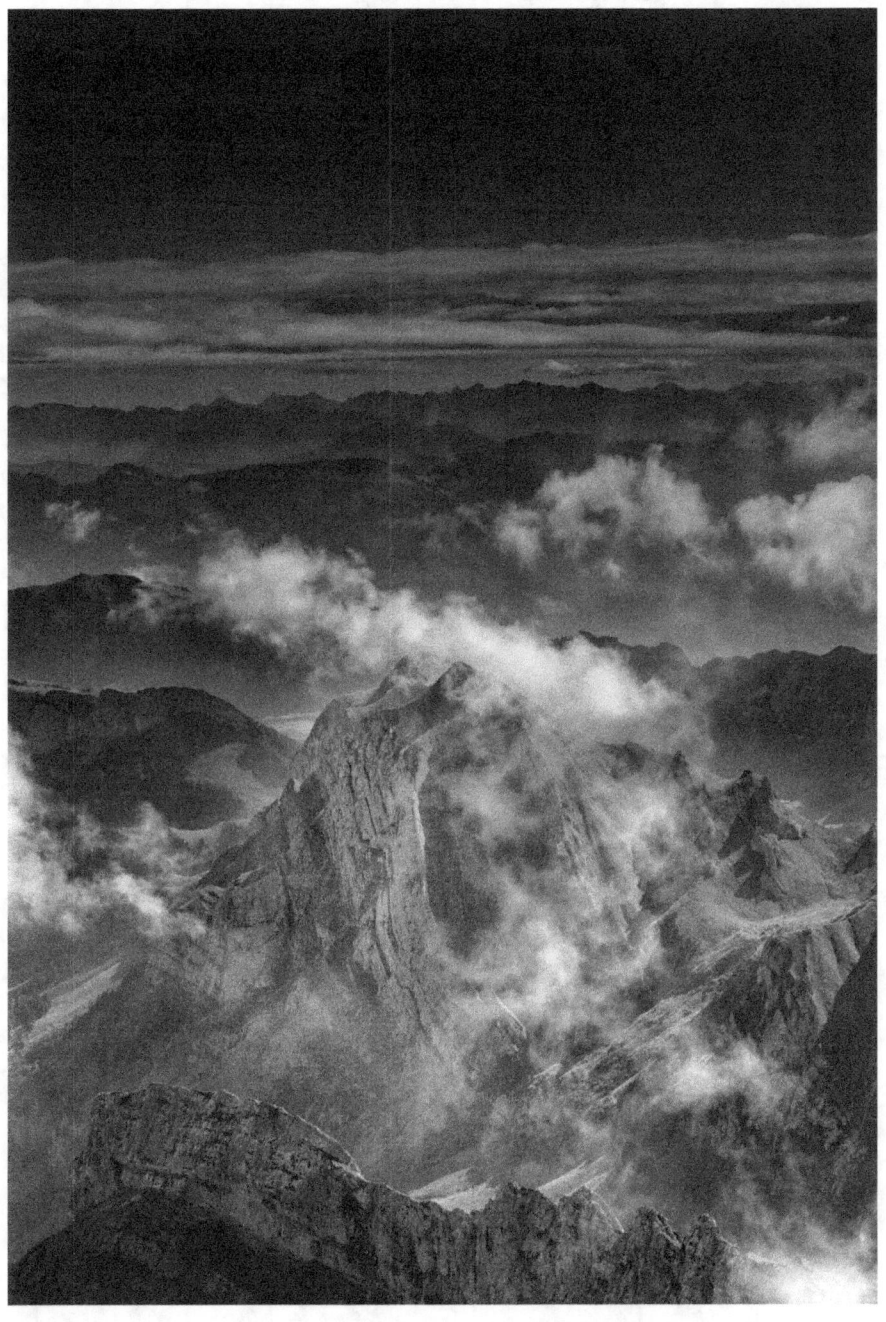

Nunca he sido religioso,
pero no solo creo en Dios,
sino que lo he visto,
se que existe.

Hay quien dice que nadie ha visto a Dios,
pero creo que lo vemos en toda su creación,
en la hoja de un árbol,
el canto de un pájaro,
en la sonrisa de un niño.

Es como una especie de luz,
no hay palabras para describirlo,
yo tenía los ojos cerrados,
y mi amigo, que también lo vió, también.

Fue como una explosión
no usa palabras
solo Amor.

Y por algo estás leyendo éstas palabras.
Por algo las estoy escribiendo.

Gracias Dios.

Todo el Poder.

Toda la gloria.

Ni la gran fuerza
de todas las montañas del universo

podrían salvarte, solo Jesús.

21 ARBOL DE METAL

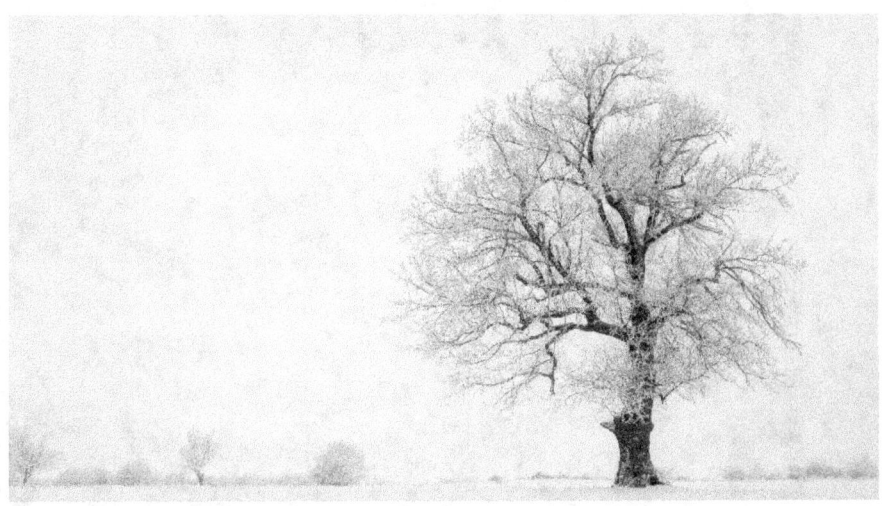

A veces soñaba
con un árbol de metal,
nunca perdía sus hojas
y era flexible ante fuertes vientos.

Llegaban pájaros de metal,
y construían nidos de metal,
su canto era metálico
lo mismo que el sonido de sus alas.

Su color era plateado
y su sombra deslumbraba.

Me gustaba observarlo,
erguido y orgulloso,
pero un día llegron unos robots
y lo fundieron,
con todo y pájaros, y nidos,
grité tan fuerte
que desperté a todos,
y fuimos hacia afuera,
a plantar un árbol
de verdad.

22 ESCULTURA

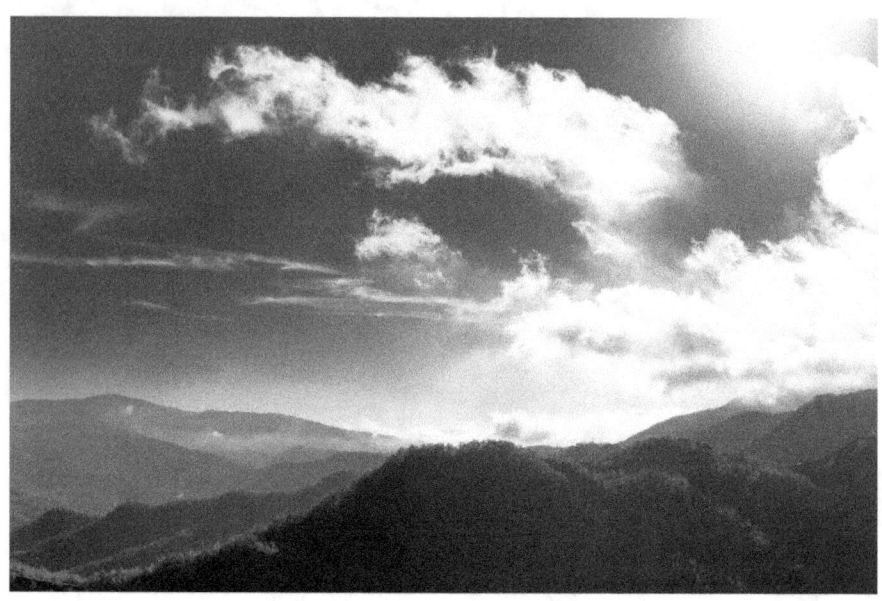

El cielo es su lienzo,
las montañas, nubes, y plantas,
sus pinturas.

Pero no solo nos regala cuadros increíbles,
cuando asombrados observamos
o tomamos fotografías;
sino que también realiza esculturas formidables
con las nubes y montañas,
y todo lo que podamos ver.

Arte preciso y exacto,
cambiante y sorprendente,
que pocas veces nos damos el tiempo
para admirarlo, para apreciarlo.

Gracias, Elohim.

23 PRETEXTO

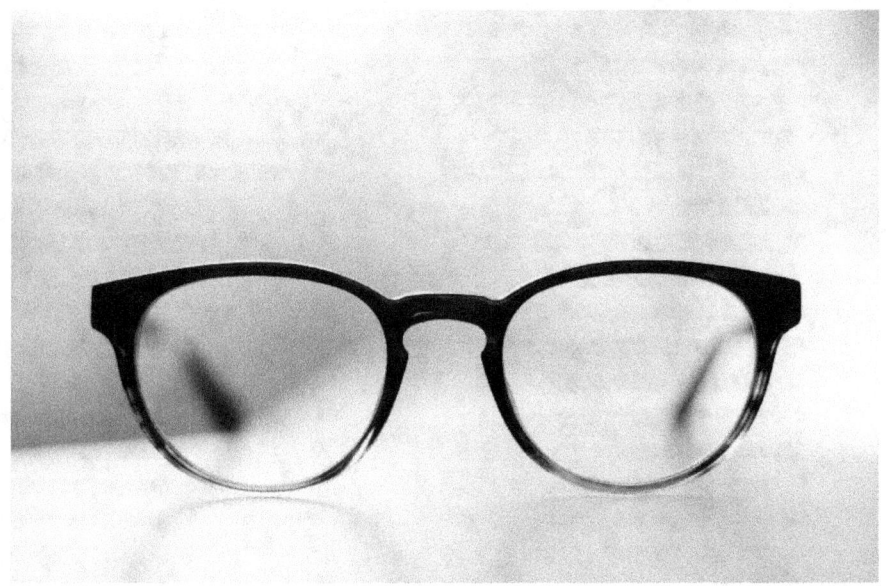

A veces es cierto,

la claridad de la imagen

no nos deja ver,

porque siempre

andamos queriendo

ver todo

con los puros ojos.

24 LOCURA

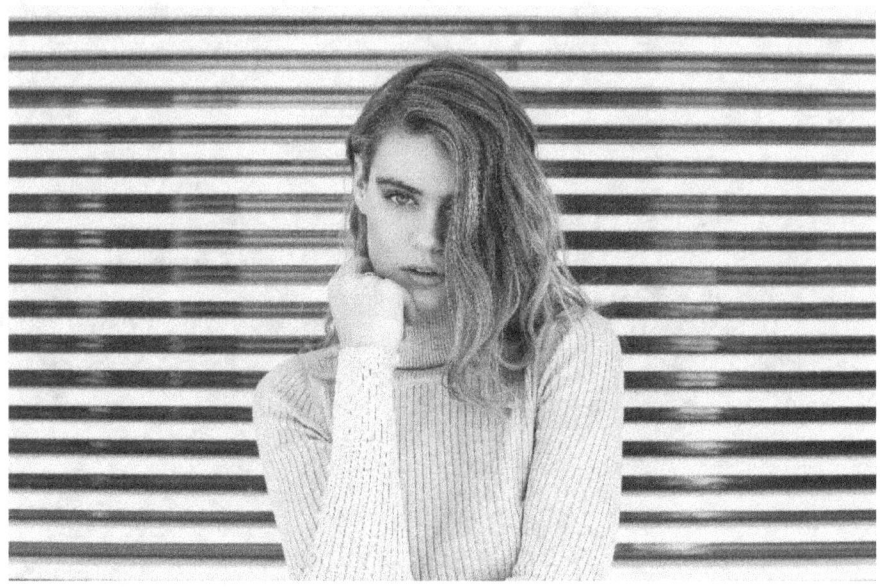

Una mujer hermosa nos puede llevar al cielo,
a veces creemos,
o nos puede volver locos,
de eso seguros estamos.

¿Cómo no habría de ser bella,
si es una obra de Dios?

Aunque a veces nos parezcan
ser una verdaderas diablas.

El amor, es tantas cosas,
es esto y aquello,
transtorna los sentidos
los sentimientos y los temores,
pero si no existieran ellas,
más bellas que las estrellas,
no, no, no,
no puedo imaginar mi vida
sin mi amada y bella esposa.

25 ROCIO

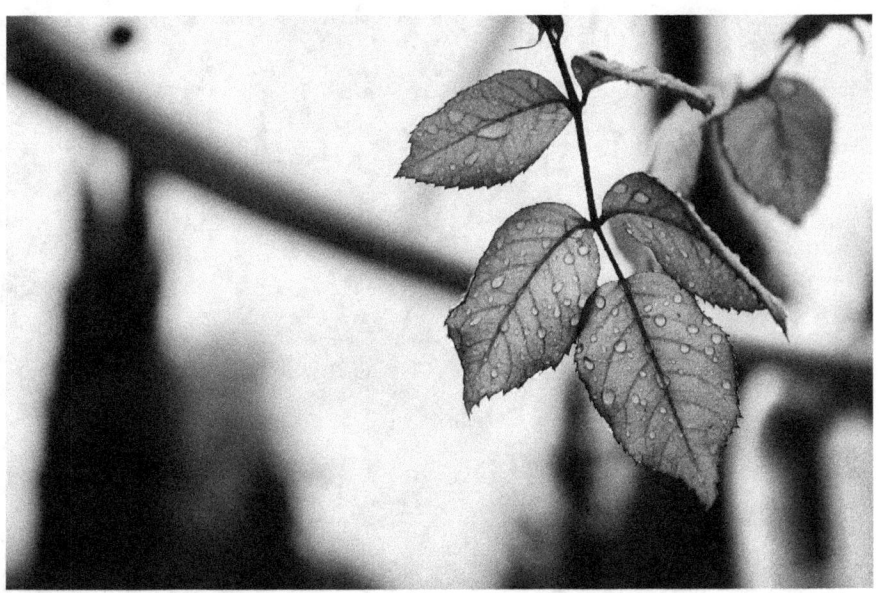

El rocío de la mañana se desliza por tu cuerpo,
estamos desnudos, en un jardín del Edén.

El hombre acarició tiernamente su rostro,
y ella empezó a despertar,
e iluminó sus ojos con una sonrisa enorme.

Y él siguió hablándole al oído,
te decía amada mía,
que te voy a recomendar algo,
si alguien te sugiere probar el fruto prohibido…

Y no alcanzó a terminar la frase,
porque en eso llegó la policía.

Parece estar empezando una moda,
o será uno de esos retos de internet,
pero cada vez más seguido
encontramos amantes desnudos
en los jardines de esta vieja iglesia.

26 TUNEL

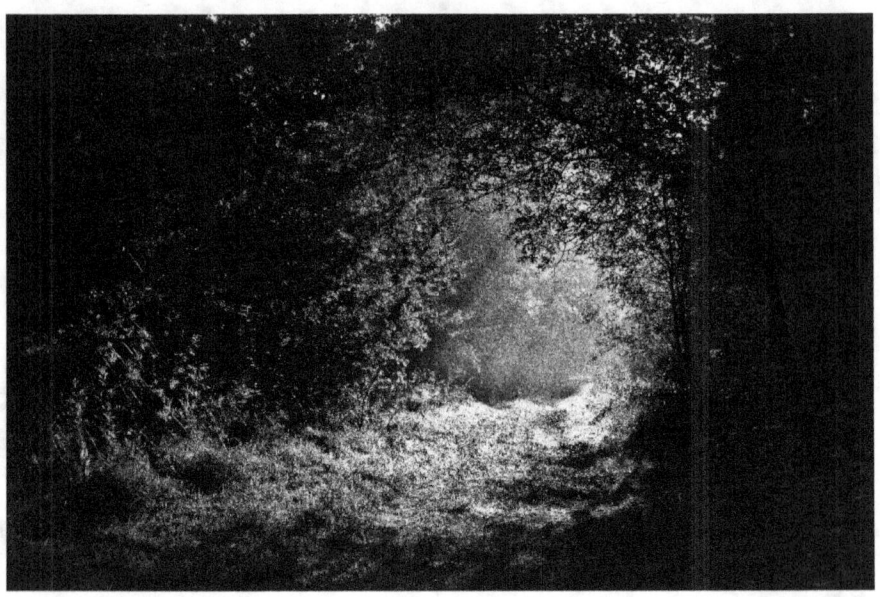

Dentro de toda oscuridad
hay un túnel,
solo hay que buscar
con los ojos listos, prestos.

"Pedid, y se os dará; buscad, y hallaréis; llamad, y se os abrirá.
Porque todo aquel que pide, recibe; y el que busca, halla;
y al que llama, se le abrirá.

¿Qué hombre hay de vosotros,
que si su hijo le pide pan, le dará una piedra?

¿O si le pide un pescado, le dará una serpiente?"

Si te sientes dentro de un túnel, busca.
Si sientes que estás perdido, busca.
Si no has buscado, busca.

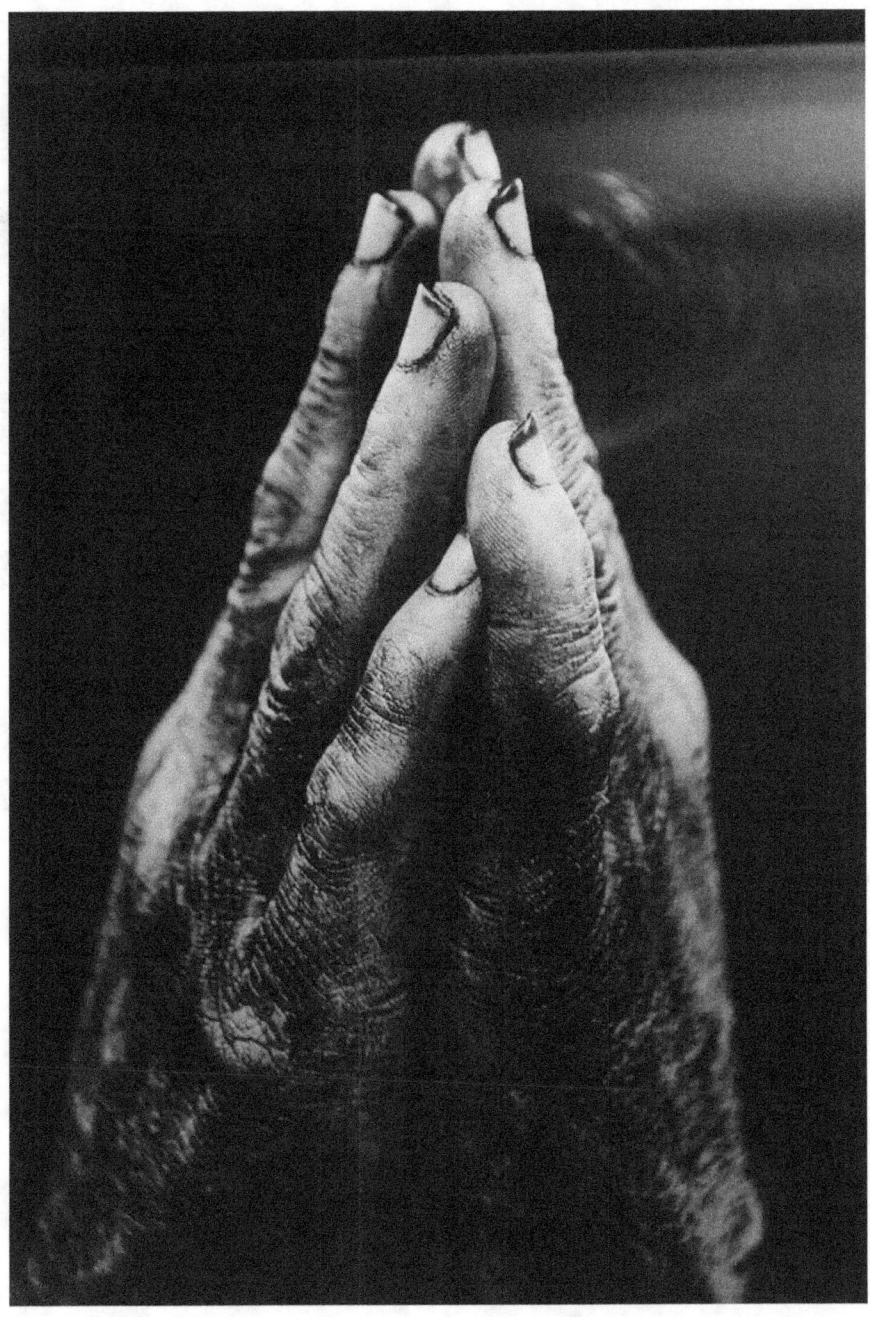

El, Elohim, Dios mío, se que escuchas a todo el que te busca.

28 VIAJERO

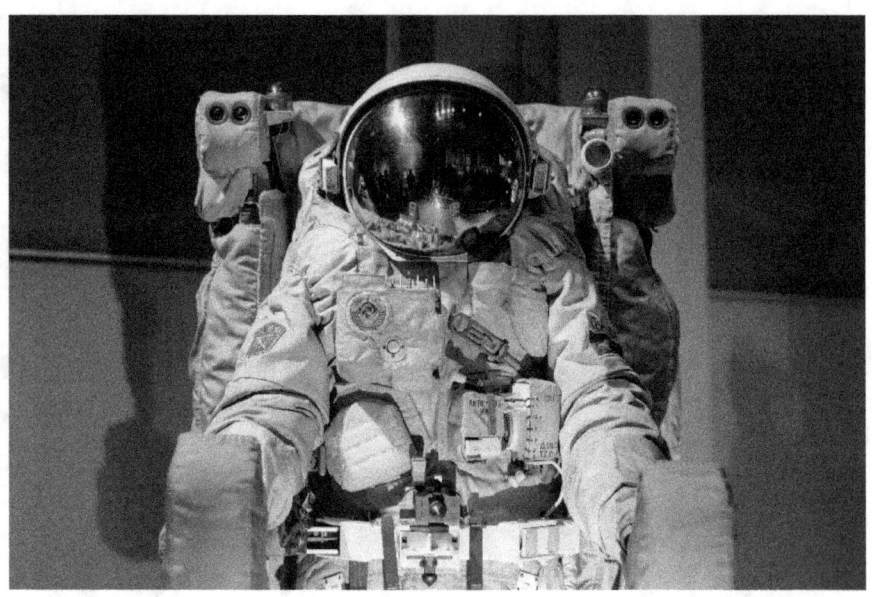

De niño quería ser astronauta,
quería ver las estrellas;
de grande quería ser astronauta,
para estar cerca de Dios.

Pero no es necesario
y sí es necesario,
salir del mundo.

La vida es un viaje
en el cual es muy fácil
perder el rumbo,
pero tenemos el mejor mapa
del universo entero:
la Biblia.

29 SUBIR

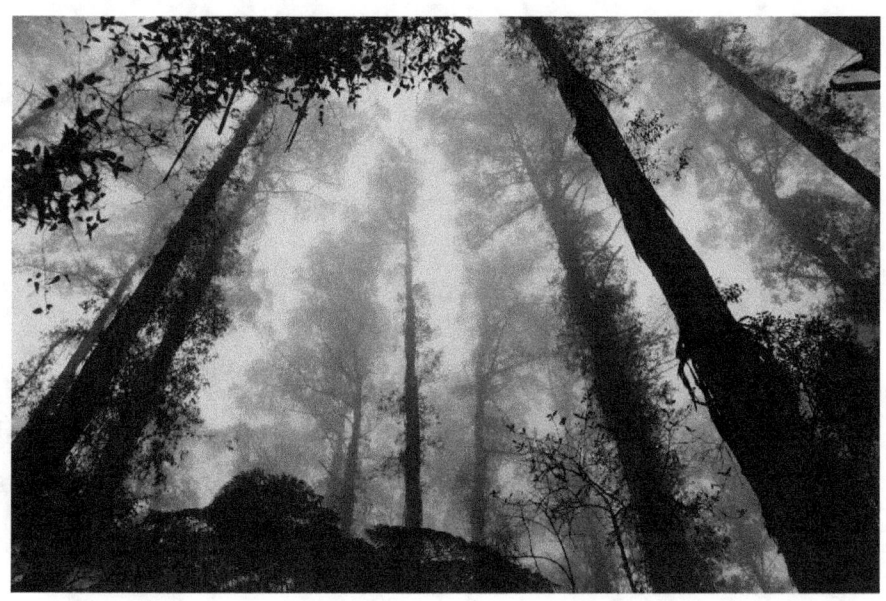

La fuerza de gravedad
parece invencible,
sin embargo
el árbol desafía
las leyes de la Física.

¿Qué no podrás hacer tú?

30 VISTA

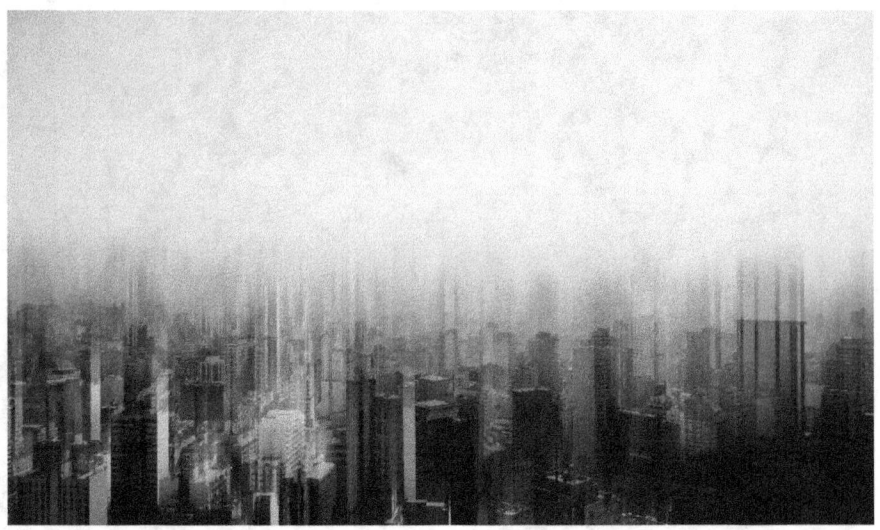

El hombre acudió,
como todos las mañanas a la ventana
de su lujoso apartamento.

Le gustaba admirar los edificios,
esas montañas artificiales,
tan fuertes, tan bellas,
que lo hacían sentirse tan orgulloso
de ser un hombre
triunfador.

Ja, ja, ja, las torres de Babel han sido reconstruidas,
pensaba,
ya traspasan a esas nubes enanas,
la gloria de la inteligencia humana.

No aprendió nada con lo de las torres gemelas.

Vamos a ver qué haces ahora
(dijo una voz, con cierto sarcasmo)
que he decidido a partir de esta mañana
ir nublando tu vista.

31 TACTO

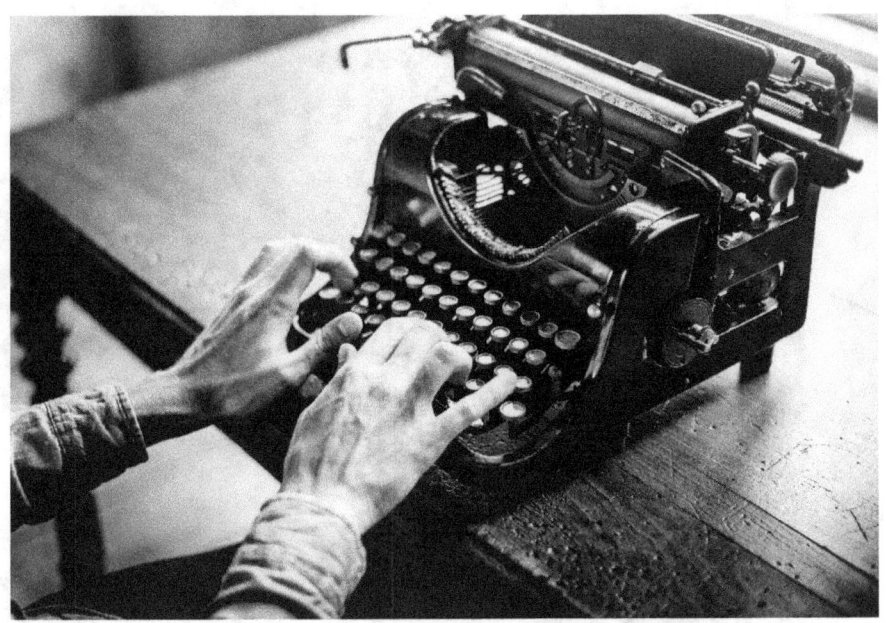

Escribía su nombre
con extremo cuidado,
tenía miedo
de herir a la hoja de papel
y por consiguiente a ella.

Buscaba los adjetivos exactos,
pero nunca los hallaba,
no puedo escribir lo que siento,
como tampoco puedo describir su belleza.

Así pasaban sus días
entre el intento
y su esperanza.

Así morían sus noches
tan llenas
de su ausencia.

32 TIEMPO

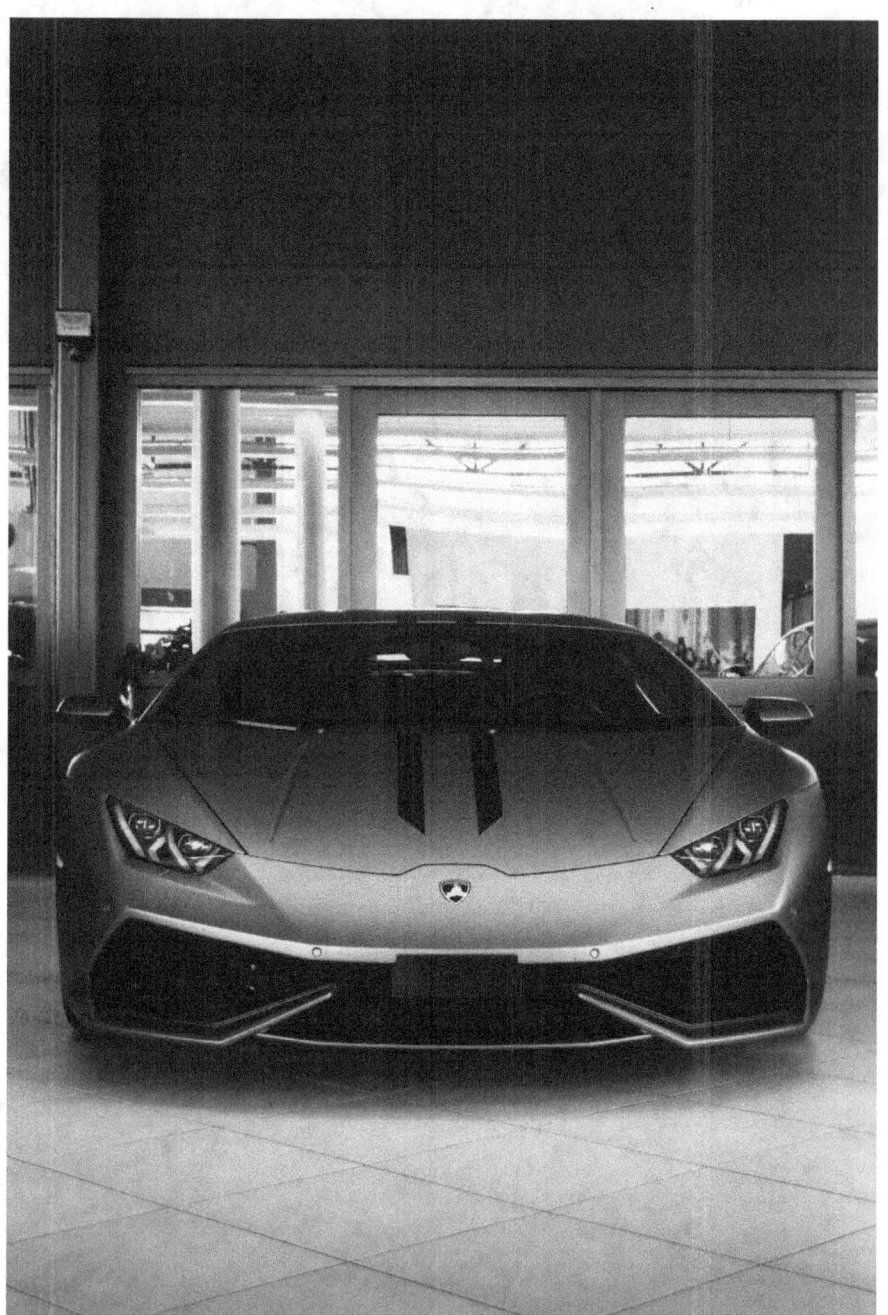

Tendría unos doce años
cuando vi una foto
de un automóvil deportivo,
era un Maserati Bora,
la imaginación me llevó a las calles.

Dicen que al hombre atraen
las mujeres y los autos deportivos.

Después vi una foto de un McLaren F1,
y con el paso de los años
me olvidé de los automóviles,
hasta que llegó dentro de un periódico otra foto,
era la del BMW Z3.

Tuve que comprar uno, y en una ocasión
estaba un Miata y llegué a su lado en mi Z3,
en un semáforo, y luego llegó un Ferrari,
también convertible.

Siempre hay uno peor y uno mejor.

Ahora,
viendo la foto de este Lamborghini
veo que ha pasado el tiempo,
pero no el gusto de soñar
con automóviles deportivos.

Y sobre mujeres,
ahora solo tengo pensamientos
para una sola,
para mi linda esposa.

33 ROSA NEGRA

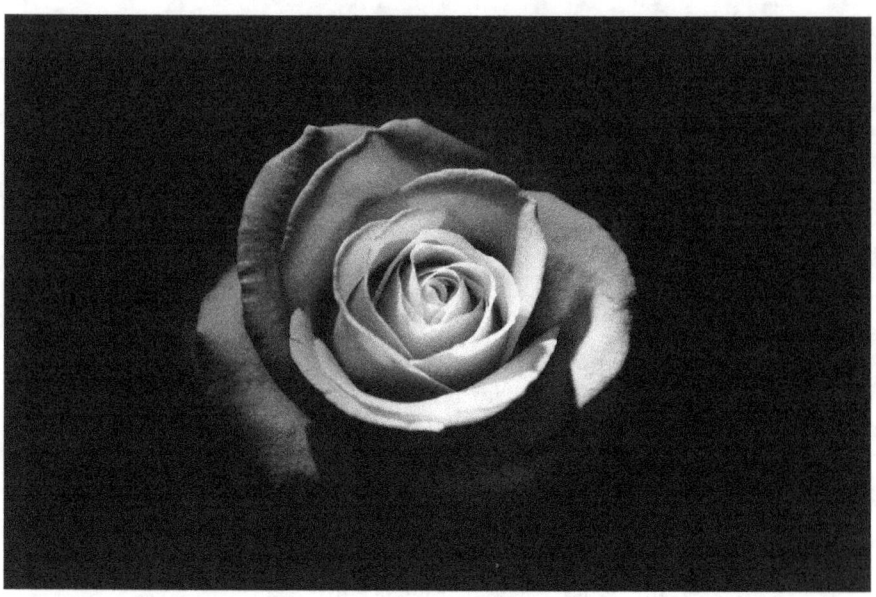

Te juro que era rosa,
luego blanca.

¿Hablas de mujeres?

No, de la flor que tenía para ti,
pero se ha vuelto negra,
y por eso no la he traído,
aparte de que a ti te gustan
rojas, brillantes, escarlatas.

Me confundes, tal vez con la señorita Drácula.

No, mi amor, tu lo dijiste un día.

No, creo que estaba cantando "flordepapel"

Bueno, te voy a regalar este libro,
y la rosa la pintaré a mano, ¿de qué color la quieres?

Negra – y se fue volando.

34 SUEÑO

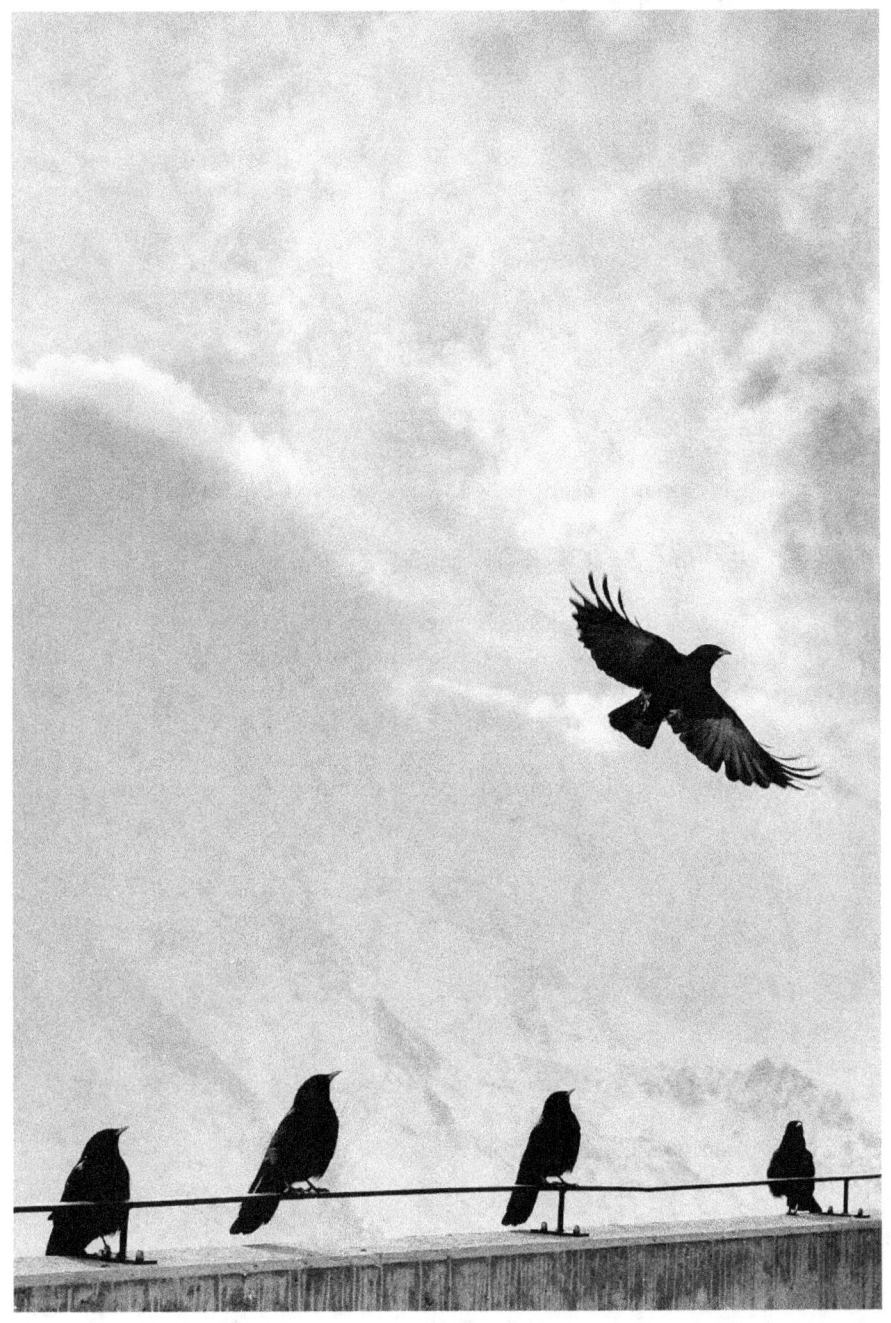

Quisiera poder volar.

Eso es imposible.

¿Quién dice?

Mis padres, los vecinos, mis maestros.

¿Y entonces para qué son nuestras alas?

Oh, amigo mío, son para que usen nuestras plumas
los historiadores, los artistas, los escritores.

¿Para volar?

Ciertamente, escriben, y los que leen son capaces de volar.

¿Cómo?

Con su imaginación. Deja te cuento una historia,
hubo una vez un niño que se enamoró de una estrella,
y un día estando sobre un acantilado decidió reunirse con ella,
y brincó, pero tuvo miedo, y cayó.

¿Oh, como la historia de Pedro caminando sobre el agua?

Algo parecido.

¡Pues yo voy a volar!

Y ahí lo pueden ver, volando por el cielo,

mientras los demás observan,

desde el suelo.

35 ARENA

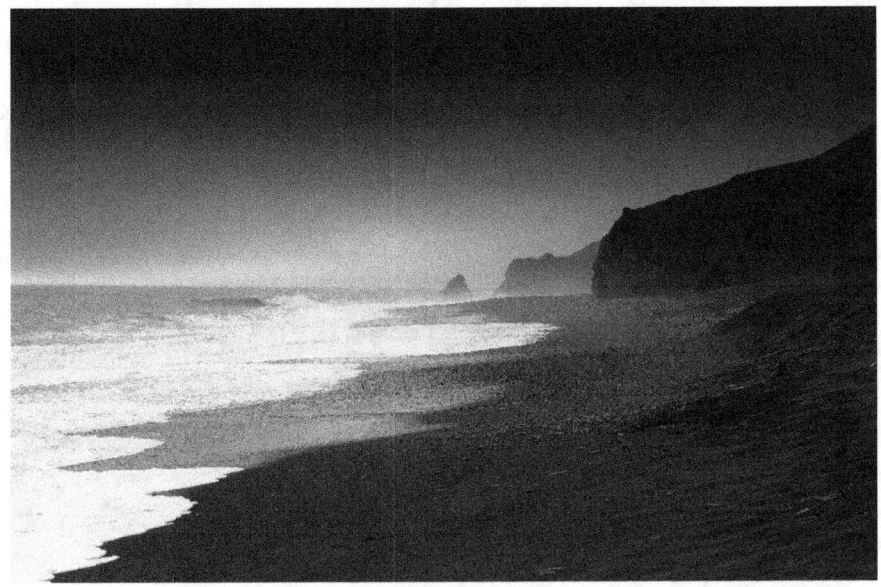

En la arena,
tus pasos,
mis recuerdos,
y tu olvido.

Las olas pretenden sanar la herida,
ayudar a que se escriba sobre la arena
una nueva historia.

"nohaybienquepormalnovenga"
decía una canción sin esperanza.

Pero ten paciencia,
las olas siempre regresan,
y la arena siempre la espera.

36 SALTO

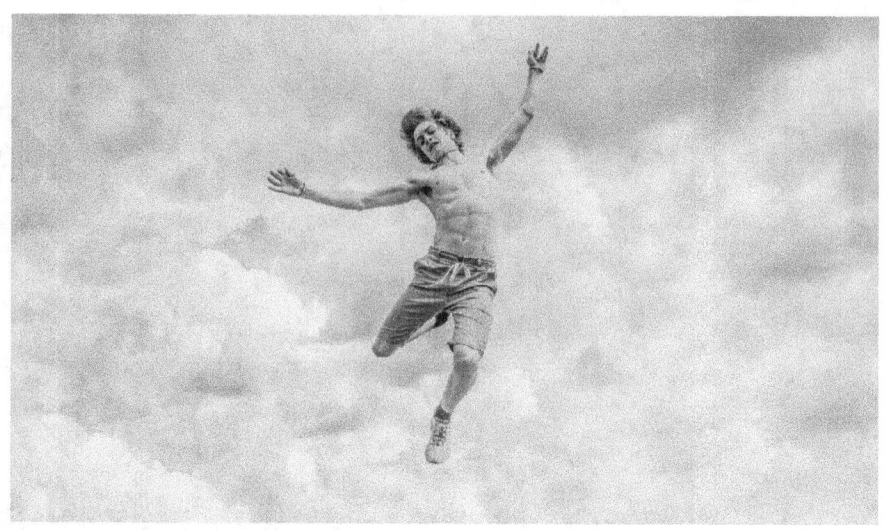

¿Dónde quedaron las alas?
Las nubes lo acompañan.

Pegar un salto.
No es lo mismo que volar.

Si le dices a una montaña

que se haga a un lado

a un lado se hará.

¿Acaso llegará el día,
en que tengamos una Fe

del tamaño de una semilla
de aguacate?

Tal vez por eso saltó, tal vez.

37 LEJANA

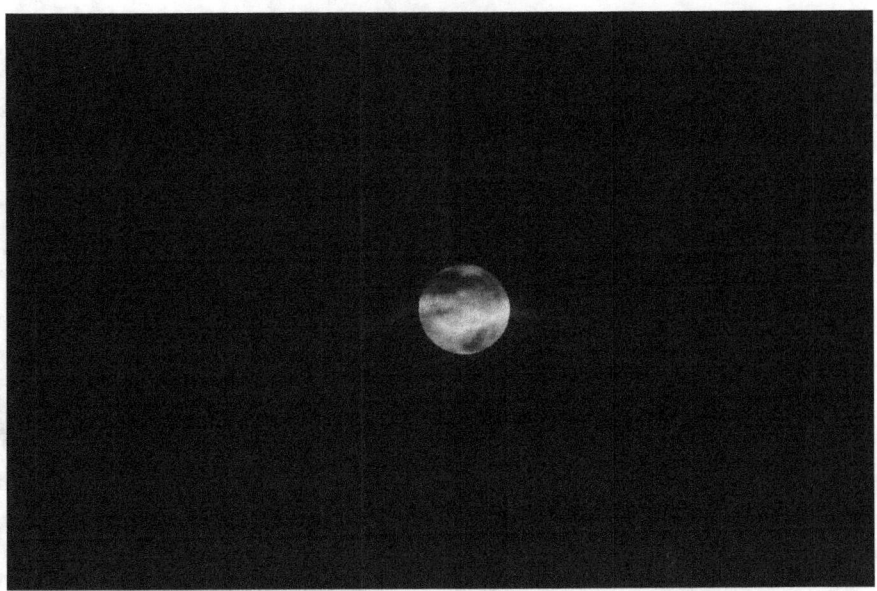

La luna, espejo de miradas,
cuando los enamorados se encuentran lejos,
el aullido es un beso tierno.

No hay nada como mirar tus ojos,
y vestir tu sonrisa con un beso,
y abrazarte,
y decirte cuanto te amo.

Y que ni la distancia ni el tiempo
pueden separarnos,
aunque a veces te pongas triste,
y mires a la luna,
y su luz me traiga tus besos,
tu mirada,
tu amor,
tu dulce amor,
amada mía.

38 INOCENCIA

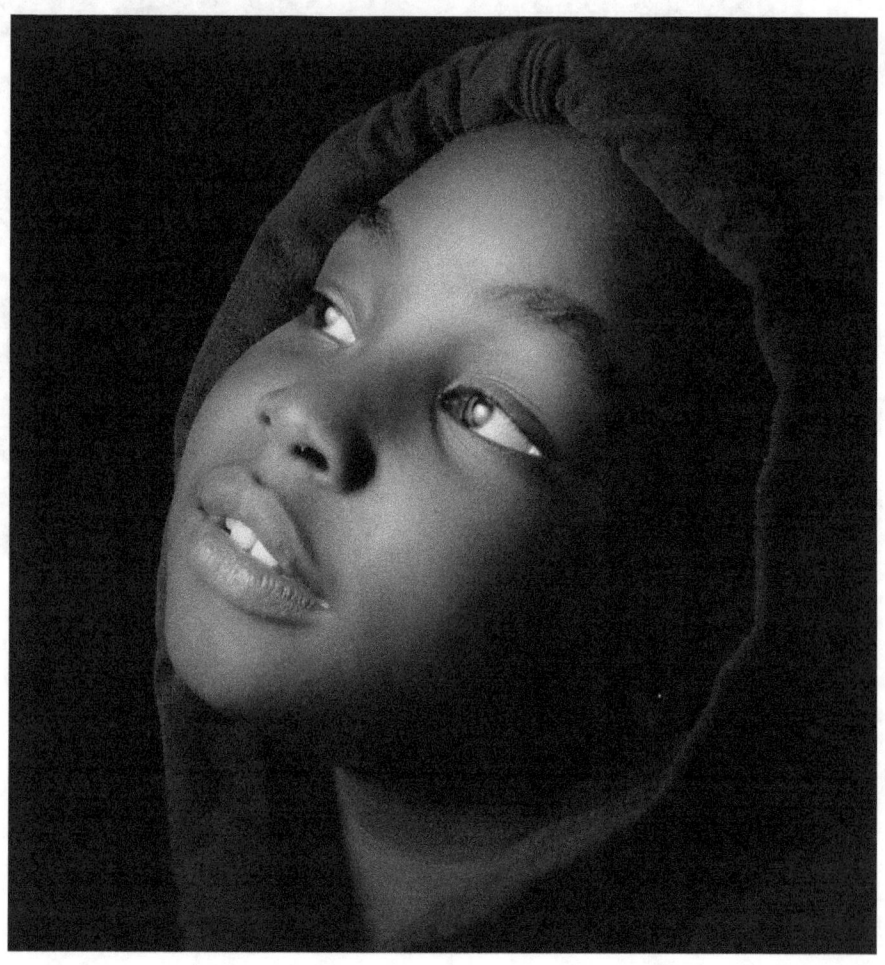

Mirada limpia,
como la sonrisa,
como el alma de los niños.

Así deberíamos de seguir,
pero no,
nos atrapa el mundo,
y muchos no regresamos jamás
a la inocencia,
a la bondad.